公共管理硕士(MPA)系列教材

MPA

非营利组织管理

王名　王超　著

中国人民大学出版社
·北京·

公共管理硕士（MPA）系列教材
编 审 委 员 会

作者简介

王名，日本名古屋大学博士，清华大学公共管理学院教授、博士生导师，清华大学公益慈善研究院院长、NGO研究所所长，明德公益研究中心理事长，《中国非营利评论》（中英文杂志）主编，第10～12届全国政协委员，中国民主建国会中央委员，兼任国务院职能转变评估专家组成员、民政部专家委员会委员、中国社会组织促进会副会长、中国社会治理研究会副会长、中国残疾人福利基金会副理事长、增爱公益基金会副理事长等职，同时担任香港理工大学、澳门科技大学等高校兼职教授。主要研究领域包括公益慈善、公共管理、社会组织与社会治理等。主要学术作品包括《中国社团改革：从政府选择到社会选择》、《非营利组织管理概论》、《社会组织概论》、《中国NGO口述史》（第一辑、第二辑）、《社会组织论纲》、《社会组织与社会治理》、《德国非营利组织》、《日本非营利组织》、《英国非营利组织》、《美国非营利组织》及*Emerging Civil Society in China*，1978—2008等。获得2013年度责任中国公益思想奖、“2013年度慈善推动者”等多项奖励及荣誉称号。

王超，北京大学学士、硕士，加拿大蒙特利尔大学博士，清华大学公益慈善研究院常务副院长。1996年博士毕业后留校任教，1997年放弃教职，加入世界宣明会，驻点中国云南省永胜县担任项目主任，其后历任世界宣明会云南地区区域代表、华北区域及北京代表、中国办事处执行总监，2010年起，担任世界宣明会中国办事处总干事。2013年加入世界自然基金会，担任首席运营官。2015年9月加入清华大学公益慈善研究院，担任常务副院长。在从事非营利组织管理与领导实践的同时，参与了大量的教学与研究工作，在清华大学教授MPA和留学生的“非营利组织管理”及相关课程，在相关领域著述颇丰。

内容简介

由我国知名非营利组织研究专家、清华大学王名教授和具有极其丰富的非营利组织管理实践经验的王超博士共同撰著的《非营利组织管理》一书，是一部极具特色的“非营利组织管理”课程教材。本书系全国公共管理专业学位研究生教育指导委员会组织编写的《“非营利组织管理”教学指导纲要》的配套教材。全书以创造性的方式，系统地向读者介绍了非营利组织的基本概念和原理，重点阐述了非营利组织的领导与组织学习、战略管理、人力资源管理、志愿者管理、营销和筹款、项目管理、财务管理与税务管理等内容，并对非营利组织经常面对的政府购买服务及评估、问责与公信力建设等问题进行了分析和探讨。

本书最大的特色在于其采用了对话式的写作方式，全书的编写以二位作者在“非营利组织管理”的授课过程中采取的创造性的教学方式——对话式教学——为基础，全书每章均由“基本原理”和“课堂对话”两部分内容组成，并以“课堂对话”为主。这种编写形式旨在更好地贴近非营利组织管理实践，更加生动地再现非营利组织管理的实践者面临的各种问题，同时也令本书更具可读性，使读者如临授课实境。

《公共管理硕士（MPA）系列教材》
总　序

公共管理是以政府为核心的公共部门运用管理学、政治学、经济学、法学、社会学、系统科学等多学科理论与方法对国家和公共组织进行有效治理的管理活动。公共管理学是运用管理学、政治学、经济学等多学科理论与方法研究公共组织，尤其是政府组织的管理活动及其规律的学科体系。它是一个科际整合的交叉学科群，是以解决公共问题为导向的应用科学。

中国作为一个统一的国家有几千年的历史，在政府管理领域有着丰富的经验，这些经验对世界很多国家都产生过重要影响。从这个意义上说，中国是公共管理理论与实践的发源地之一。

现代公共行政与公共管理的研究和教育于20世纪初在西方兴起，迄今有上百年的历史。我国从20世纪80年代开始公共行政与公共管理研究和教育的恢复和重建，自此以后公共行政与公共管理的研究和教育得到长足发展。

根据新形势下社会公共管理现代化、科学化、专业化的要求，为建立适应社会主义市场经济需要的办事高效、运转协调、行为规范的公共管理体系，完善国家公共事务和行政管理干部培训制度，建设高素质的专业化国家公共事务和行政管理干部队伍，1999年5月国务院学位委员会第17次会议审议通过了《公共管理硕士（MPA）专业学位设置方案》，并决定于2001年10月在我国首次进行MPA招生考试，2002年3月MPA学员正式入学。

为了提高我国公共管理硕士（MPA）专业学位教育水平，保证公共管理硕士专业学位教育工作的健康、顺利发展，国务院学位委员会、教育部和人事部于2001年2月成立了全国公共管理硕士（MPA）专业学位教育指导委员会。MPA 专业学位教育指导委员会的教材工作小组就教材建设问题专门进行了讨论。

80 年代以后我国出版了一些公共行政与公共管理的教材，这些教材在公共行政与公共管理专业人才培养方面发挥了重要作用，但仍存在一些缺陷，即教材相对比较分散，不系统；没有一个完整的知识体系；联系实际不够。

公共管理是一个不断成长和发展的学科，公共管理实践尚在不断发展中，因而公共管理教育也处在探索和发展阶段。为适应公共管理硕士（MPA）教育对教材和教学参考资料的需要，不断探索回应公共管理实践中的问题，反映国内外公共行政与公共管理研究的最新成果，中国人民大学出版社组织有关专家编写了这套公共管理硕士（MPA）系列教材。本套教材包括按照国务院学位办确定的《公共管理硕士专业学位培养方案》的要求而编写的 9 门核心课程教材，也包括公共管理各领域、各新兴学科的方向性必修课程教材及部分选修课程教材。

本套教材具有如下特色：第一，系统完整，基本涵盖了公共行政与公共管理专业教育的主要知识领域；第二，反映国内外公共行政与公共管理研究领域的最新成果，为公共行政与公共管理领域的教育者、学生、实际工作者提供了本领域的最新信息、资料及多视角思考空间；第三，反映公共行政与公共管理硕士（MPA）专业教育的特点，重视应用性，注重能力的培养，为此在教材中除讲授一般理论知识外，还附加大量案例分析；第四，将中国传统的行政管理思想、国外先进的公共行政与公共管理理论与中国现实管理实践紧密结合，理论联系实际。

本套教材除适合 MPA 学生使用外，也适合公共管理学科的研究生及各级行政管理人员作为培训参考资料使用。

参与本套教材编写的有中国人民大学、北京大学、清华大学、复旦大学、中山大学、厦门大学、上海交通大学、国防科技大学等十几所大学的老师，他们都是公共行政与公共管理教育领域的专家，他们在公共行政与公共管理教育领域积累了丰富的经验，同时又比较注重社会实践，使理论与实践相结合。本套教材的作者来自全国各地，突破了一个学校、一个区域的界限，我们的指导思想是尽量把公共行政与公共管理领域有影响的学校和有影响的老师都吸收进来，博采众家之长。为此，中国人民大学出版社邀请有关专家成立了公共管理硕士（MPA）系列教材编委会。

随着公共行政与公共管理教育和实践的不断发展，公共行政与公共管理学科的研究和教育也在不断发展和完善，这就要求教材也要不断更新内容。我们编写的这套教材只是一个初步的探索和尝试，还望广大读者对这套教材提出批评建议，以便于我们不断修订、完善。

前　言

本书作为全国公共管理硕士（MPA）的系列教材，是在2014年全国公共管理专业学位研究生教育指导委员会组织编写的《全国公共管理硕士（MPA）核心课程教学指导纲要》一书正式出版后，根据其中由我执笔的《“非营利组织管理”教学指导纲要》，结合我和王超老师2014年春季一起在清华大学两次采用对话式教学的经验，以及2014年全国MPA核心课程“非营利组织管理”两期师资研讨会上的教学实践，经系统整理和多次统稿完成。本书由我和王超老师共同完成，在内容、结构、方法、体例和形式等方面，都做了不同于同类教材的重大创新。付梓之际，以前言的方式，谈谈我们做如此探索的缘由、用意、特点及若干心得，是为本书的导读。

一

首先，谈谈编写这本教材的缘由及用意。

在本书之前，我于2002年编写了《非营利组织管理概论》（简称《概论》）的MPA教材，当时我在清华大学为公共管理硕士开设“非营利组织管理”课程。尽管没有教材，没有案例，在理论和方法上也都很欠缺，但我想尽办法，一方面拼命翻译介绍国外相关资料，另一方面结合我们大规模开展的国内调研撰写案例，并邀请来自一线的实践者和管理者分享经验，取得了意想不到的讲课效果。出版社了解到这个情况后，邀请我参加当时正在组织的全国公共管理硕士（MPA）系列教材编写组并执笔本书。当时我的教学经验仅一轮，国内非营利组织的实践发展、管理体制和政策体系也都处在起步阶段，我带着助教一起，在摸索中战战兢兢地完成了书稿并提交出版社。其后的数年，《概论》教材取得了很大的成功，不仅成为全国公共管理硕士的首选教材，许多高校也在相关的本科乃至专科教学中采用该书，出版社一再重印，并多次要求我修订。于是在 2009 年，我们总结多年课堂教学和实践研究的经验，在基本遵从原书结构的基础上做了一次较大幅度的修订，于 2010 年 3 月再版。修订再版的《概论》教材增补了不少实践案例和反映实践发展的数据资料，但结构和形式未做大的调整，这主要是因为考虑到实际的教学需要和涉及面太广，不宜做颠覆性调整。为了保持教材的连续性，在编写本书的同时，我也在修订《概论》一书的第三版。

2011 年底，国务院学位办下发《全国公共管理硕士专业学位研究生指导性培养方案》，将“非营利组织管理”列为 12 门核心课之一。2013 年，全国 MPA 培养院校院长工作会议确定由全国公共管理专业学位研究生教育指导委员会牵头，组织编写《全国公共管理硕士（MPA）核心课程教学指导纲要》，我应邀担任《“非营利组织管理”教学指导纲要》的执笔者和 2014 年全国 MPA 核心课程“非营利组织管理”两期师资研讨会的首席教授。在编写教学指导纲要时，我发现尽管《概论》教材的基本框架和思路可用，但必须做大的修改调整。2013 年仲夏，我带着几位博士后来到京郊怀柔的一处农家，利用暑假集中编写指导纲要。三万多字的纲要花了我们一整个暑假。完稿后的纲要尽管还有不少问题，但在内容、体例和结构上都与《概论》有很大不同，一方面大大缩减了内容，除实践案例及专题讲座外，原书 12 章内容压缩为 7 章；另一方面变教材体例为纲要体例，同时增加 4 章专题性的案例与讲座，便于教师们在教学中灵活安排。2014 年春季，我在清华大学开设的“非营利组织管理”课程使用了该教学指导纲要，并创新性地采用对话式教学方式，取得了意想不到的效果。后来教指委先后举办了两期“非营利组织管理”核心课程师资研讨会，我应邀担任首席教授，在使用指导纲要的同时，也尝试推广对话式教学法，得到与会教师的一致好评。

指导纲要的编写和教学实践的创新，为本书的编写做了很好的铺垫。在助教和两位博士后的协助下，我们花了两个假期并多次统稿，终于完成了这个全新体裁、结构和形式的教材，使之完全独立于《概论》之外，成为与之相辅相成的另一本非营利组织管理教材。我这样做的用意在于：一是跟上时代，努力反映这十多年来非营利组织特别是中国非营利组织发展的新情况、新问题、新思考；二是紧贴实践，尽量靠近、走进、再现非营利组织实践一线的现实和声音；三是探索创新，在遵循指导纲要的同时，将课堂对话形成的开放场域和课堂效果以文字形式再现出来；四是留有余地，为老师们创造性地使用指导纲要提供了可以自由发挥的更大空间。真心期待这样一种全新体裁、结构和形式的教材能够带来更多的探索和创新。

二

其次，谈谈本书编写中的主要特点和若干心得。

如上所述，本书的最大创新，是在遵循指导纲要的同时，将课堂对话形成的开放场域和课堂效果以文字形式再现出来，形成了一种对话体裁的教材，本书的作者因此就成了我和王超两位对话者。

要特别介绍一下我的这位合作者。2014 年，我邀请时任世界自然基金会（WWF）中国首席运营官的王超博士来清华大学任教，和我一起主讲 MPA 核心课“非营利组织管理”。有着丰富管理经验的他对催化式学习情有独钟，曾多次在国际组织的高级培训中担任催化师，我们也一起在与 MIT 合作的“创新型领导力行动学习项目”中采用催化式教学。我们商定，采取对话式、催化式、互动式的创新学习方法开设这门课，并将通过对话形成的开放场域和课堂效果整理成文，共同编写这本教材。我们先后在两个不同的 MPA 班用同样的方法开设这门课，后来又在全国 MPA 核心课程“非营利组织管理”的师资研讨会上将 2 学分的课程压缩为 3 天做了体验式教学，取得了意想不到的成功。本书中对话环节的内容，全部取自我们多次的对话式教学，经录音整理和反复修改成文。

之所以采用对话式教学，乃基于我的这样一个理念：管理之真知来自实践，而实践经验只有通过与实践者的对话才能表达出来。我在这门课十多年的教学中深感困惑的一点是：缺乏实践支撑。尽管我为这门课开发了大量实践案例，也不断邀请实践者来讲座、客串，但总如隔靴搔痒，难有根本改善。撰写教学指导纲要时我想尽了办法，在体例和结构上做出最大限度的调整，但依然没能解决这个问题。参加催化式学习之后，我顿悟到此前所有的努力或许都近乎徒劳，除非我放下架子，直面实践者之经验。在口述史的研究中我也发现并确信：实践经验只有通过与实践者的对话才能表达出来。于是我下决心调整自己在课程中的定位，邀请一位实践者到课堂上来，用他（她）活生生的经验作为案例，我则更多地充当引谈人或催化者，以对话的方式全面改版这门课。尽管到目前为止这种创新方法还有许多值得改进的地方，也令执教的老师们特别担心如何找到合适的实践者，但实践证明，这种方式能从根本上解决我多年来深以为惑的困局。有此困惑的老师不妨尝试采用类似方法，或许你能找到比我更好的解决之策。

和王超老师的合作尽管并非偶然，但一路走来，还是有几点心得愿和各位分享。其一，一个好的合作者必是你能引以为友的知己，相互尊重的同时，要相互体谅、相互包容、相互坦诚，引以为友才能合作精进；其二，对话式教学是两个人共同完成的作品，只有超越你我，一齐用心，协力共治，才能通过对话创造出最佳的课堂效果；其三，对话式教学在本质上是一种开放的催化学习过程，对话者之间、对话者和学生之间通过催化能够形成一种相互学习、相互激励的开放场域，让各种有用的信息、观点、创意等产生互动，进而升华为奇妙的开放场域，使每一个当事人都能从中学有所得，学有所悟。

当然，我们的对话式教学还处在初步探索阶段，多有瑕疵，我也深感在此阶段将这不成熟之果作为教材编写出来有误人子弟之嫌，故怀着诚惶诚恐之心，恳请读者见谅，并期待能与诸君共同推进和完善这个富有创意的探索。

还要特别感谢中国人民大学出版社邓茗文编辑等诸位同人，接纳我们的探索并给予耐心的等待和大力支持。

王名

2015 年 10 月

目　录

第 1 章

非营利组织的定义、分类与发展

1.1 基本原理

开宗明义，本课首章概要介绍非营利组织的定义、属性、分类等基本问题，并对世界各主要国家和我国非营利组织的发展做一个概览。

1.1.1 非营利组织的产生背景

非营利组织是继政府、企业之后出现的一种新型社会组织，其产生的基本背景，一是政府失灵，二是市场失灵，在实践中则表现为人类社会的一种重要的组织创新和制度创新。

1.1.2 非营利组织的定义

非营利组织的英文是 nonprofit organization，缩写为 NPO，是不以营利为目的、主要开展各种志愿性公益或互益活动的非政府的社会组织。相近的概念有“非政府组织”（nongovernmental organization，NGO）、“社会组织”（civil society organization，CSO）、“公益组织”（philanthropy organization，PO）、“慈善组织”（charity organization，CO）、“草根组织”（grassroots organization，GO）、“志愿者组织”（volunteer organization，VO）等。①

1.1.3 非营利组织的基本属性

非营利组织有三个基本属性：非营利性、非政府性、志愿公益性或互益性。

1. 非营利性

非营利性是非营利组织的根本属性。这一属性包含三个主要方面：第一，不以营利为目的。非营利组织的宗旨不是为了获取利润并在此基础上谋求组织自身的发展壮大，而是为了实现整个社会或者一定范围内的公共利益。第二，不能进行剩余收入（利润）的分配（分红）。对于非营利组织而言，无论开展何种形式的经营业务，其剩余收入都不能作为利润在成员之间进行分配（分红），而只能用于组织所开展的各种社会活动及自身发展。第三，不得将组织的资产以任何形式转变为私人财产。非营利组织的资产严格地说并不归组织所有，也不属于捐赠者，它们是一定意义上的“公益或互益资产”，属于社会。所以非营利组织在一定意义上是作为受托人来行使“公益资产”的所有权权能的。因此，如果非营利组织解散或破产，它们的剩余资产不能像企业那样在成员之间进行分配，而只能转交给其他公共部门（政府或者其他非营利组织）。

2. 非政府性

非政府性是非营利组织的基本属性之一，这一属性强调非营利组织有三个特征：第一，是独立自主的自治组织。非营利组织既不隶属于政府也不隶属于企业，是独立的社会组织，有独立自主的判断、决策和行为的机制与能力，属于独立自主的自治组织。第二，是自下而上的社会组织。非营利组织由自主的公民以结社方式组成，扎根

① 本书在一般意义上交替使用这些概念。

于社会，通过横向的网络联系与坚实的民众基础动员社会资源，形成自下而上的民间社会。第三，属于竞争性的公共部门。非营利组织不同于政府，不能利用行政权力和资源，只能采取各种竞争性的手段，来获取各种必要的社会资源并提供竞争性的公共物品。

3. 志愿公益性或互益性

志愿公益性或互益性也是非营利组织的基本属性之一，这一属性强调非营利组织有三个特征：第一，非营利组织的内在驱动力是以志愿精神为背景的利他主义或互助主义，它们的主要资源是基于志愿精神的志愿者、社会捐赠及其他社会资源；第二，非营利组织开展的活动具有一定的社会公开性与透明性，由于使用的主要是社会资源，因而其运作过程和开展的各种活动需要在一定的社会范围内公开并保持一定的透明度，同时接受社会监督；第三，非营利组织提供两种类型的竞争性公共物品：一是提供给整个社会不特定多数成员的“公益性公共物品”，二是提供给社会中某一部分特定成员的“互益性公共物品”，后者的受益者尽管也是多数社会成员，但能通过某种方式界定受益者。

1.1.4　非营利组织的主要活动领域

一般而言，凡是在市场经济比较成功、企业运作比较有效的领域，非营利组织不太发达；凡是在国家利益比较突出、政府控制比较严格的领域，非营利组织较少涉入。从领域分布看，非营利组织活动较为集中和活跃的主要有七个领域：(1) 慈善救助；(2) 环境保护；(3) 公益服务；(4) 扶贫发展；(5) 权益保护；(6) 社区发展；(7) 行业发展。

1.1.5　非营利组织的基本分类

非营利组织包括两大类别：会员制非营利组织和非会员制非营利组织。

在我国现阶段，非营利组织的第一类是会员制组织。会员制组织依其所体现的公益属性分为公益型组织与互益型组织。公益型组织按其是否在民政部门登记注册，区分为免登记公益性社会团体（人民团体等）和一般公益性社会团体；互益型组织按其所体现的经济社会关系性质，区分为互益性社会团体和行业协会等经济团体。非营利组织的第二类是非会员制组织。非会员制组织依其活动类型分为基金型组织和运作型组织。基金型组织按其运作资金的性质和类型分为慈善募捐协会、公募基金会和非公募基金会；运作型组织则根据其资金来源和管理体制，区分为民办非企业单位和事业单位。

1.1.6 非营利组织的发展及其趋势

1. 非营利组织的发展史

非营利组织作为一种重要的社会力量，在世界范围内主要是在20世纪最后数十年间发展和成熟起来的。作为社会组织的基本形式之一，非营利组织在17世纪就已经出现了，其历史和近代资本主义同样悠久，主要表现为一些带有政治色彩的社会团体及主要开展慈善救济等公益活动的非营利组织。19世纪末，致力于社会变革、社会改造的工人团体不断涌现，出现了一批致力于公益事业的基金会和致力于慈善事业的非营利组织，致力于战场救护的非营利组织也开始活跃，同时，一批致力于社会事业的非营利组织出现在科学、教育、卫生等领域。第二次世界大战后，各种形式的社群组织涌现出来，一批慈善救助组织在战后恢复重建中发挥重要作用，非营利组织开始登上国际政治舞台，在人权保护、环境保护与和平事业中发挥重要作用，联合国也陆续建立了非营利组织参与国际重大事务的各种机制和制度框架。

当前非营利组织的发展特点是：世界上几乎所有的国家，都存在一个由非营利组织构成的庞大的非营利部门，在社会经济生活中发挥程度不同的作用；非营利部门在不同国家间的发展很不平衡；非营利部门的就业人口中包含大量志愿者；非营利部门的各个不同领域发展很不平衡；非营利部门的收入来源呈多元化趋势。

2. 各主要国家非营利组织的发展

（1）美国。

美国的非营利组织在总体上是一个很大的部门，其在整体数量、总体规模、各主要领域的实力和影响力，都堪称世界第一。在美国，相当数量的非营利组织集中在健康护理等医疗卫生保健领域和高等教育领域；各种基金会高度发达，成为美国非营利组织成长及其公益活动的重要支持力量；美国非营利组织在全球事务中也具有重大影响力，其动员的国际援助资金总额甚至超过美国政府的对外援助金额。

（2）日本。

日本的非营利组织总体规模不大，大多成立于 20 世纪 70 年代以后，主要集中在医疗卫生保健、社会福利和国际合作领域。开展国际合作的非营利组织是一支引人注目的力量，这些组织基本上都是 20 世纪 60 年代以后成立的，主要在发展中国家开展各种形式的援助和救援活动。

（3）澳大利亚。

澳大利亚的非营利组织总体上是一个很大的部门，大多数集中在教育、社会服务和医疗保健三个领域。

（4）英国。

英国的非营利组织活动最为集中的领域是教育研究、文化娱乐和社会服务。这些组织的一个重要特点是，它们在资金来源上对政府资助的依赖较大。慈善组织高度发达并与政府建立了良好的合作关系。

（5）德国。

政府财政支持是德国非营利组织赖以存在和发展的支柱。第二次世界大战后，德国政府在社会福利领域采取所谓“第三方补贴”的原则，通过支持非营利组织发展来增进整个社会的福利。

（6）芬兰。

与强大的政府公共部门相比，芬兰的非营利组织总体规模较小，主要集中在职业教育、成人教育、卫生保健和其他社会服务等领域。

（7）孟加拉国。

孟加拉国有着相当发达的非营利部门。经济的落后和政府的弱小使得政府难以提供起码的社会福利与社会服务，非营利组织便取而代之成为社会公共物品的主要提供者。

（8）印度。

印度被称为“非营利组织大国”，非营利组织不仅数量多、规模大，影响也广。政府对其采取“共生与规制”相结合的方针。

（9）菲律宾。

菲律宾的非营利组织一般具有较强的政治倾向。

3. 国际非政府组织

在国际社会，通常使用“非政府组织”或“国际非政府组织”（international non-governmental organization，INGO）的概念。联合国经济和社会理事会有关非政府组织参与联合国事务的第1296项决议规定：具备一定条件经申请并得到联合国认可的非政府组织，有资格参加联合国经社理事会或其他相关国际会议，可提交提案、相应文件或者发言，从而获得相应的咨商地位而成为国际非政府组织。具有联合国咨商地位的国际非政府组织包括三类：一是具有一般咨商地位的国际非政府组织，指与联合国经社理事会一半以上的活动有关，能够在总体上参与咨商并拥有能代表许多不同国家的多数会员的非政府组织；二是具有专门咨商地位的非政府组织，指与联合国经社理事会的一部分活动有关，能够在某一特定的领域参与咨商，并在国际上相当知名的非政府组织；三是具有注册咨商地位的非政府组织，指在联合国经社理事会进行注册登记，在必要时能够为联合国经社理事会或其下属机构以及联合国其他机构提供必要咨询的非政府组织。

非政府组织参与国际决策最主要的机制，是围绕联合国主办的各种国际会议所建立起来的联系机制，即在联合国召开国际会议的同时同地，召开同主题的非政府组织国际论坛。非政府组织还通过联合国体系内各机构所建立的联系和合作机制，积极参与国际决策。近年来，在全球和区域层面，出现了如达沃斯论坛、博鳌亚洲论坛等企业、政府与非政府组织跨域合作的国际机制，推动全球治理创新。

4. 我国非营利组织的发展和改革创新

改革开放以来，我国非营利组织也实现了前所未有的发展，特别是近十年来，非营利组织在推动政府改革、社会转型和市场经济走向成熟的进程中发挥着更加积极的作用，成为社会建设和社会治理创新的重要主体。

在我国，非营利组织统称为“社会组织”，实行统一登记管理制度，主要包括基金会、社会团体和民办非企业单位三种法人形式。自2013年起，社会组织管理体制全面改革，一种新的、基于法治的现代社会组织体制正在加紧建构。

1.2　课堂对话①

师A：从今天开始，我们讲“非营利组织管理”这门课。我先提一个要求：不管你们来这个教室前或离开这个教室后是什么身份，在这个课堂上，你们的身份能否转换一下，转换为一个非营利组织的管理者或实践者。大家努力试试看怎么样？通过这门课的学习，希望大家能对非营利组织的管理实务有一个系统的、完整的理解，不是站在外面看，而是努力走进来，到非营利组织的管理实务中来，尝试换一个角色，把自己当成一个非营利组织的管理者或从业人员，然后来理解：非营利组织到底是干什么的，是一种什么样的组织，它们在管理中遵循哪些原则，在政策和体制上存在哪些困难和问题，需要做出什么样的探索，等等。

我先简单介绍一下这门课，包括课程大纲、教学方式和课程安排。我们采取一种新颖的课程对话形式，以对话的方式贯穿课程始终。两位对话的老师是我和王超老师。

师B：各位好！我很喜欢这种形式的授课。严格地说，这不能叫授课，而是一种鱼缸式的互动教学。鱼缸式教学有两个特点，一是要求教师不能有什么隐私，要360度展示给大家；另一个特点就是具有应用性或者实践性。我很赞成王名老师刚才讲的，大家进来以后要尽量摘掉你所有的“帽子”，把自己转换成一个NGO的从业者或实践者。

师A：下面我简要梳理一下这一章的大纲，重点是两个方面：一是非营利组织产

---

①　本书每章第二节“课堂对话”的主体内容均为“非营利组织管理”课堂上两位授课教师讲授的内容及其与学生的对话。其中，“师A”指的是主讲教师，也是该课程的主持人；“师B”指的是兼职或客座教师，一般由非营利组织负责人或相关实务工作者担任。在本书作者王名教授和王超博士的课堂上，“师A”指的是王名教授，“师B”指的是王超博士，“生”指的是学生。

生的背景、相关概念和分类；二是简要介绍国内外非营利组织的实践和发展。

1.2.1 非营利组织的产生背景

师 A：我们首先谈一谈非营利组织产生的背景。通常我们把非营利组织的产生与政府失灵、市场失灵，以及莱斯特・M・萨拉蒙[①]提出的志愿失灵结合起来，你怎么理解？

师 B：从大的社会背景来说，非营利组织形成一定规模和蓬勃发展，是你刚才讲的这些失灵推动的。如果从实践角度来看，很多非营利组织产生的实践背景是面对社会问题和回应社会需要。当然，很多社会需要都跟这些失灵有关，非营利组织的创业者直接面对这些社会需要，因而产生了这些非营利组织。从另外一个角度来看，正是解决社会问题的愿景和使命最终催生了这些非营利组织。所以，谈到非营利组织的产生，我们更愿意强调内在愿景的力量。

师 A：就像管理学大师德鲁克[②]所说：非营利组织是愿景驱动的组织。

师 B：没错。一个好的、有潜力的非营利组织应源于愿景和使命的驱动。德鲁克强调：非营利组织的原动力在于美好的愿景。这来自它的创业者及其追随者，他们因为共享愿景而走到一起，建构组织的使命，从而创立非营利组织，并为共享和实现愿景与使命而奋斗。

师 A：太好了，愿景和使命正是我们下一章要重点展开和讨论的。

师 B：是的，愿景和使命是一个非营利组织进行战略规划和管理的重要概念。

1.2.2 非营利组织的概念

师 A：我们接着来讨论一下相关概念。非营利组织其实是一个约定俗成的概念，

---

① 莱斯特・M・萨拉蒙（Lest M. Salamon），美国约翰・霍普金斯大学教授，著有《公共服务中的伙伴：现代福利国家中政府与非营利组织的关系》等。

② 德鲁克（Peter F. Drucker），现代管理学之父，著有《非营利组织的管理：原理与实践》、《21 世纪的管理挑战》等。

不是一个严格的学术范畴，所以一直到现在还有争论。它是一个从国外引进的概念。我们一开始用的是“NPO”，它也是直接翻译过来的，而且不是一个明确的说法。比如，我要表达这个杯子，但通常不会说这是个“非桌子”，否则你能理解我说的这个东西是杯子吗？其实“非桌子”跟杯子之间有很大的距离。但现在这个说法被普遍接受了，你就必须对这个说法给出很多约束条件。大家都约定俗成地使用“非营利组织”这个概念，这是历史形成的，我们要对这一词汇给出更加具体的限制性规定。

具体来说，非营利组织指的是一种非政府的、非营利的、具有一定公益性或互益性的社会组织。我们要理解这个概念，第一，它不是一个严格的学术范畴，有分歧；第二，同时使用的还有其他概念，比如非政府组织，它是英文 nongovernmental organization 的中译词，跟非营利组织可以互换使用，也是约定俗成的一个否定性的概念。此外，还有志愿者组织或者叫社区与志愿者组织，也是从英文翻译过来的一个概念。在国内，我们用得比较多的如民间组织、社会组织，都是指同一类的组织，这些概念每个都有很丰富的背景，后面我们还会进行简要介绍。

回过头来，我们再来看非营利组织这个概念。从历史上看是美国最早开始使用的。美国在建国后并未采用英国基于慈善信托的慈善组织形态，而是专门创设了非营利法人这样一种组织形态。20 世纪 60 年代后期，美国进行税法改革，联邦税法中对享受免税待遇的组织做出规定，其中就使用了“非营利组织”的概念，认为主要开展公益性或互益性活动的这类组织，应区别于营利性组织，称之为“非营利组织”。这类组织在税收上享受一定的优惠待遇，也被称为免税组织。因此，从历史上看，非营利组织跟税收减免有关。同样是这个原因，我国在 2001 年起草《中华人民共和国企业所得税法》时，也使用了“非营利组织”的概念。因为也涉及免税问题，即这类组织要享受税收优惠待遇的时候必须有一个明确的说法，所以一直到现在财政部门都主张用“非营利组织”的提法。目前国内并没有达成共识，比较通用的概念是社会组织。

“社会组织”是一个新词，从 2006 年左右开始使用，在那之前用的是“民间组织”。民间组织从 1997 年左右开始用，现在虽然还在用，但在党政系统和官方文件中，基本上已经用“社会组织”取代了“民间组织”。这两个概念有区别。简单地说，社会组织强调这类组织的社会性和社会功能，以及它们区别于经济组织、政治组织的特殊性；民间组织则强调这类组织的民间性，强调它们区别于政府组织的非政府特征。进一步说，社会组织一词的出现，反映了我们在认识上的一个大的飞跃。2006 年前后市场经济改革取得基本成功之后，我们认识到国家的现代化不仅要有市场的现代化，还要有社会的现代化，其主要标志是提出了构建和谐社会的国家战略。

因此，社会组织这一词汇主要指的是在社会领域开展活动、提供社会服务、参与社会治理、具有社会功能的非营利组织。这类组织不仅区别于企业，也区别于政府，因此也叫非政府组织。非政府组织这个概念在国际上很流行，它的历史比非营利组织、社会组织、民间组织都要长一些。从相关文献考证来看，这个概念是在第二次世界大战期间先被媒体使用，然后在官方文件里逐渐被使用。1945 年联合国成立之初，在官方文件里正式使用了 NGO 即非政府组织一词。后来随着环境、安全、人权等全球性问题的出现，非政府组织成为参与全球治理的一支重要力量；到了六七十年代，联合国开始建立非政府组织参与国际事务的各种机制，这个概念也一直沿用至今。

上面简单介绍了几个与非营利组织相关的概念。直到现在，在概念上并没有达成共识，应该说上述几个概念可以互换使用，这也表明这个学科尚不成熟。那么这些概念的内涵是什么？怎么理解非营利组织或者非政府组织？

1.2.3 非营利组织的基本属性

师 A：我们在教材里明确地讲到了三个基本属性，一是非营利性，二是非政府性，三是志愿公益性。这里简单介绍一下。

第一，非营利性是非营利组织区别于企业的基本特征，强调三个方面：一是组织的宗旨是不以营利为目的；二是组织的运营不存在“分红”之类的利润分配机制，经济学上称之为“不分配约束”；三是组织的资产不得以任何形式归属于个人，包括组织解散或结束经营时也不得将其剩余资产分割或分解，而必须完整地用于其他组织的非营利事业。

第二个属性是非政府性，这是非营利组织区别于政府的基本特征，也强调三个方面：一是组织决策上的自主性和自治性；二是组织结构上表现出来的非科层化、扁平化、网络化等特征；三是组织运营上的非垄断性或一定的竞争性。

第三个基本属性是志愿公益性，或者说是志愿性加公益性。志愿性强调社会组织的资金来源中有一个重要的方面，即来自社会的志愿捐赠和志愿服务，这是一个社会组织区别于政府和企业的重要特征。公益性强调社会组织的主要受益者是不特定多数的社会群体或以会员制方式界定的特定多数的其他社会成员，因而区别于企业和政府。这种公益性实际上是广义的利他性，包括公益性和互益性两个方面，这里就涉及非营利组织的分类问题。通常情况下，我们按照非营利组织受益面的大小，将其区分为公益型非营利组织和互益型非营利组织。公益型的非营利组织主要是面向社会上的不特定多数群体，包括弱势群体开展各种活动、提供各类服务。许多非营利组织，特别是慈善组织基本上是面向社会的，因而是公益型的。还有一类是互益型的非营利组织，通常是会员制的组织，比较典型的如行业协会商会，还包括同学会、校友会等组织，主要是面向社会上的特定群体而不是面向全社会。公益型和互益型非营利组织的主要区别在哪里？在于社会的受益程度不同，公益型的社会受益程度要更大些。之所以要强调这个区别，是因为在政策和相应的制度安排上要有所区别。

社会团体、基金会和民办非企业单位是根据我国现行法律登记注册的三类非营利组织法人。

1.2.4　非营利组织的分类

师 A：我们把所有的非营利组织分为两类：会员制组织和非会员制组织。会员制组织分为公益型和互益型，非会员制组织分为基金型和运作型。这不仅是对于中国，也是对于所有非营利组织分类的基本框架（见图1—1）。

- 非营利组织
  - 会员制组织
    - 公益型组织
      - 免登记公益性社会团体
      - 一般公益性社会团体
    - 互益型组织
      - 互益性社会团体
      - 经济团体（行业协会等）
  - 非会员制组织
    - 基金型组织
      - 慈善募捐协会
      - 公募基金会
      - 非公募基金会
    - 运作型组织
      - 民办非企业单位
      - 事业单位

图1—1　非营利组织的分类

师 B：首先来看分类的原则，分类实际上是理解组织的重要方面。我们借用麦肯锡的分类方法——MECE①（Mutually Exclusive Collectively Exhaustive）——来说明一下。MECE 分析法强调要互斥、穷尽，每个类别之间没有重叠和交叉，其总和能够穷尽所有的类别。你刚才讲的符合这一原则，包含了所有非营利组织的类型，我们只要注意它们之间不要交叉、穷尽所有就可以了。

师 A：我简单解释一对概念，"基金型组织"和"运作型组织"，这两类组织都是非会员制的非营利组织。基金型组织以募集资金、接受捐赠为主，主要资助其他组织开展公益项目；运作型组织以提供服务为主，并不资助其他组织，而主要运作各类公益项目。我再稍微补充一下，在我们的分类里包括了人民团体和事业单位，这是从它们的基本功能和属性来理解，不是从资产来源和实际的隶属关系来看。人民团体跟党政部门关系密切，是中国政治体制和行政体制的一部分，事业单位也是政府行政体制的组成部分，因此严格来说这两类组织都不属于非营利组织。但从改革角度来看，随着人民团体和事业单位改革的展开，其中相当一部分会转变为非营利组织，在这个意义上它们属于广义的非营利组织。

师 B：我同意你的看法。从改革的方向看，人民团体和事业单位接近我们现在所定义的非营利组织，即正在往那个方向上改。这也是分类应有的价值，为改革树立方向，让人民团体和事业单位的改革能够有一个明确的目标。

1.2.5 非营利组织的发展

师 A：下面我简单介绍一下非营利组织的发展，包括非营利组织的历史，以及非营利组织在国内外的发展。这部分内容很多，大家可以参照《概论》教材和"非营利组织"教学指导纲要。希望大家认真阅读这部分的内容，有什么问题可以再展开讨论。这里我主要梳理一下基本的脉络。

首先是非营利组织的历史。早期的非营利组织出现在市场体系之前，人类最早的学校、医院，其实都是以非营利组织的形式出现的，其中多由教会创办，也有贵族创

① MECE 分析法是麦肯锡的第一个女咨询顾问巴巴拉·明托（Barbara Minto）在金字塔原理（The Minto Pyramid Principle）中提出的一个很重要的原则，即对于一个重大的议题，能够做到不重叠、不遗漏的分类，而且能够借此有效把握问题的核心，并找到解决问题的方法。

办的。但是随着市场体系的出现和发展，早期的非营利组织开始分化，学校和医院中有一部分走向了市场，另一部分则一直保留非营利组织的形式。

在第二次世界大战以后，特别是 20 世纪 80 年代以后，在世界各主要国家社会生活的方方面面都涌现出大量非营利组织。有一个概念叫“非营利部门”，指的是在市场体系之外，开展各种非营利活动、提供各种社会服务的各类非营利组织的整体。有学者从 20 世纪 80 年代开始做这方面的统计，发现非营利部门在各国社会经济生活中的地位和贡献度并不低，但是各国之间存在一定差异。大体看来，有的发达国家非营利部门比较发达，比如在美国和欧洲许多国家，非营利部门占 GDP 的比重超过 5%，占就业的比重达 10%左右。在印度和孟加拉国，非营利部门也比较发达。我国自改革开放以来，特别是最近十多年，非营利组织发展很快，最突出的标志是 2008 年汶川地震发生以来，无论是公益资源还是志愿服务，都达到了前所未有的规模。但和世界上大多数国家相比，我们还存在很大差距。

以上是一个粗线条的梳理，下面请王超老师做一下补充。

师 B：好的，我补充一下。刚才王名老师介绍了一般的非营利组织。其实在非营利组织里，有一些组织的结构很有特点。通常我们看到的组织结构是金字塔型，或者是网络型，还有一种组织的结构很特殊，我们称之为“海星型”组织。有一本书叫《海星模式》①，大家听说过吗？大家知道海星这种海生动物有什么特点？它无头无尾，但你把它的一个触角砍掉以后，它还可以长出来。许多非营利组织具有这种特征。比如美国的戒酒协会、音乐共享协会等，都具有海星的特点：有兴趣的人们组织起来，但无头无尾，出了问题不知道应该去告谁，你打掉其中的一块，它还可以再长出来。这是非营利组织中的一种新的形态。

还有一种是复合型的，比如宣明会、乐施会，它们本身是在全球范围内开展公众募款的机构，按照我们的概念来讲叫公募基金会，但它们同时又是运作型机构，项目运作主要面向发展中国家的贫困地区。比如世界宣明会，2013 年全球筹款总规模达 28 亿美元，款项来自世界上 40 多个国家和地区，包括美国、加拿大、澳大利亚，也包括中国的香港和台湾地区。这些钱通过遍布全球的世界宣明会项目运作体系，用到有需

① 参见［美］奥瑞·布莱福曼、罗德·贝克斯特朗：《海星模式》，北京，中信出版社，2008。

要的地方去，所以它又是一个运作型的机构。这种复合型的非营利组织通常规模都比较大。

1.2.6 非营利组织的内生动力

师 B：我再补充一点，关于非营利组织的内生动力。刚才谈的是非营利组织的外部结构。从内在动力看，为什么会有非营利组织？一般而言，非营利组织的产生有两种动力，第一种动力是愿景的驱动，第二种动力是社会的需要。先来看第一种动力。愿景的英文是 vision，其实是人心中的某种具有公益性的期待或梦想。这种梦想使人产生使命感，英文叫 mission，使命通常要回答四个方面的问题：一是你是谁？二是你相信什么？三是你希望达成什么？四是你怎么来达成？对所有的非营利组织来说，愿景和使命都非常重要，是其内在驱动力的源泉。可以说每一个成功的非营利组织，都有伟大的愿景和使命。正是因为有明确的公益愿景及其对使命的驱动，才产生了非营利组织。这是非营利组织的第一种动力。具体来看世界宣明会的愿景，它是这样表述的：愿每一个孩子活出丰盛；求每一颗心灵矢志达成。①

愿景和使命源于非营利组织。但现在一些成功的商业机构，特别是一些大的跨国公司也在强调其愿景和使命。这种现象被称为"企业经营的 NGO 化或 NPO 化"，是一种值得关注的趋势。

非营利组织的第二种驱动力是社会的需要。这与愿景有很大不同，面对的是当下紧迫的社会问题，比如自闭症儿童的救助和关怀。这是现实中的社会问题和需要，非营利组织选择面对这样的社会问题，并积极回应这种社会需要。著名的特蕾莎修女，她看到的是什么样的社会需求呢？她到印度的时候，看到无数的穷人患病，露宿街头，抛尸荒野。她深受震动，下决心要去帮助穷人，让他们有尊严地离开这个世界。她发起了一个叫作"博济会"的志愿机构，在加尔各答帮助穷人。世界各地的很多人都来到印度，加入博济会，和特蕾莎修女一起帮助穷人。这个博济会就是一家非营利组织，它产生的驱动力来自印度普遍的社会问题和救助穷人的社会需要。

---

① Our vision for every child, life in all its fullness. Our prayer for every heart, the will to make it so.

特蕾莎修女

特蕾莎修女（Mother Teresa of Calcutta），又称德兰修女、特里莎修女、泰瑞莎修女，是世界著名的天主教慈善工作者，主要替印度加尔各答的穷人服务。因其一生致力于解除贫困，于 1979 年获得诺贝尔和平奖。

愿景和社会需要的结合，是许多非营利组织产生的原因。公益的愿景往往能唤起很多人的共鸣，因而也称为“共享的愿景”。当一个人能与他人共享愿景的时候，他就会加入非营利组织，许多志愿组织就是这样产生的。最著名的如无国界医生，作为一个由医务人员自愿组成的非营利组织，其共享的愿景是“为身处困境的人们以及天灾人祸和武装冲突的受害者提供帮助”。这样的愿景吸引了一大批来自世界各地的愿意共享这一愿景的医生，他们加入无国界医生，可以申请做一年的志愿服务。无国界医生把他们安排到印度或是非洲某国，或者世界上其他需要医疗服务的地方做一年的专业志愿者。

因此大家可以理解，对于一个非营利组织来说，公益的愿景和使命非常重要，这是非营利组织和企业等营利组织之间最大的不同，非营利组织不是为了赚钱，而是为了帮助那些真正有需要的人。

师 A：这一点请大家务必牢记，公益的愿景和使命是非营利组织的灵魂。这两个词我们经常放在一起来使用，其实还是有区别的。愿景和梦想一样，属于精神层面，可以描绘出来，感人至深；使命则是比较客观的，可以努力去实现的。在这门课上我们还要经常讲到这两个概念。

无国界医生

无国界医生（Doctors Without Borders）是世界著名的非营利组织，1971 年 12 月 20 日在巴黎成立，最初的成员皆为深信人类都有获得医疗权利的法国医生和记者。1999 年获得诺贝尔和平奖。目前成员已遍及全世界，每年有 2 000 多位志愿人员在约 60 个国家中服务，是全球最大的独立医疗救援组织，在全球各地设有 19 个办事处，5 个主要行动中心均位于欧洲，分别是巴黎、布鲁塞尔、阿姆斯特丹、巴塞罗那和日内瓦。

1.2.7 非营利组织的 3.0 版

师 A：刚才我们简要梳理了非营利组织的概况。我现在提一个问题：非营利组织从不成熟逐渐走向成熟，经过了一个怎样的历史进程？王超老师有一种提法，就是按 IT 的概念来表述，把它区分为 1.0 版、2.0 版和 3.0 版。这是一种很有启发的思路。不过在他详细说明之前，我想先谈谈我的思考。

非营利组织的 1.0 版是怎样的一种状态呢？可以理解为原初状态，也就是刚才王超老师讲到的，一方面有着明确的公益愿景和使命，另一方面又能够以非营利的方式满足社会的公益需要。通常意义上的非营利组织都可以理解为 1.0 版。比如：欧洲早期教会创办的医院、英国的救助儿童会（Save the Children），还有王超老师服务了 16 年的世界宣明会。

那么，什么是非营利组织的 2.0 版？大家有没有听说过社会企业？听说过的请举一下手。不是很多。那我先来解释一下社会企业。

社会企业不是传统的非营利组织，社会企业有经营活动，有明确的市场机制，有利润，有核心竞争力，换句话说，社会企业并不是非营利的运行机制，这是社会企业不同于非营利组织的一方面。但是另一方面，社会企业和非营利组织一样，有公益的愿景和使命，致力于解决一定的社会问题。比较典型的社会企业，比如孟加拉国的格莱珉银行，一方面通过小额信贷解决穷人的生存和发展问题，另一方面又开创了一种可持续的金融机制，成功地将公益使命和市场机制结合起来了。

世界宣明会

世界宣明会（World Vision International），是一个基督教国际救援及发展机构，由罗伯特·皮尔斯博士于1950年创办。目前在全球约100个国家或地区工作。其愿景是“愿每一个孩子活出丰盛；求每一颗心灵矢志达成”。世界宣明会开展的项目主要覆盖如下领域：儿童为本的社区发展、救灾及重建、教育、医疗卫生、农林环保、孤儿及特殊儿童服务、城市社工等。世界宣明会通过这些领域的发展项目帮助贫穷人摆脱贫穷，达致自力更生及持续发展。

格莱珉银行

1974 年，穆罕默德·尤努斯在孟加拉国创立小额贷款；1983 年，正式成立孟加拉国乡村银行——格莱珉银行。孟加拉国乡村银行模式是一种利用社会压力和连带责任而建立起来的组织形式，是当今世界规模最大、效益最好、运作最成功的小额贷款金融机构，在国际上被许多发展中国家模仿或借鉴。2006 年 10 月，尤努斯因其成功创办孟加拉国乡村银行而荣获诺贝尔和平奖。

这种被称为社会企业的创新模式，近年来在全球范围内迅速发展并引起了广泛关注。这种超越了传统非营利组织的形式，能不能称为非营利组织的 2.0 版？我不知道这样理解对不对。王超老师今天又提出了一个更新的概念，他称之为非营利组织的 3.0 版。这个概念太棒了！你能不能解释一下？

师 B：好的。我刚才讲到海星型组织。大家再仔细琢磨一下，海星型组织到底是一种什么样的组织形态？它从根本上颠覆了我们通常对组织的理解，可以说超越了传统的组织。那么我们现在的社会处在一种怎样的状态呢？因为移动互联网技术的发展和应用，我们进入了新媒体时代，也就是社交媒体的时代。刚才我们一直在讲非营利组织，其实说到底，非营利组织使人们之间的社会交往有了一种超越市场体系、利益关系，同时也超越国家体系、权力关系的社会载体。在这种意义上，非营利组织也是一种社会交往的媒体，是公民实现更加广泛的社会交往的组织载体。但是，在新媒体时代，公民的社会交往发生了革命性的变化，变得几乎没有障碍了。现在大家都用微信吧？你们知道世界上有多少人用微信？8 亿人。这样的时代有一个重要的特点，就是人与人之间的交往已经变得如此简单，以至于不再需要许多既有的社会交往形式。至少从技术层面上讲，直接交往似乎没有什么障碍了。世界上的任何一个人在任何时间、任何场合，似乎都能与任何另一个人联系起来并实现交往。在座的同学们，只要我们拿出手机扫一扫，就可以马上建立一个群，而你自己还有很多群，这样彼此就会在一瞬间奇妙地联系在一起。在这个时代，直接交往仿佛立马就能实现，这是我们今天所处的一个重要的环境。

还有一个很重要的环境是什么呢？拿中国来讲，三十多年来经济持续高速增长，财富不断积累，我们的经济总量已经在全世界排名第二，照这个趋势发展下去，中国迟早会成为世界第一经济大国。但是另一方面，我们的城市化也在以前所未有的速度发展，未来十几年里将近3亿人会进入城市化的进程，这就带来了极大的不对称性。我们的贫富差距、社会发展、社会福利、医疗保障等等，都开始出现越来越大的问题。联合国有一个反映这方面综合发展程度的指数叫人类发展指数，即HDI①，你们猜中国在全世界排名第几位？

师A： 80多？

师B： 80多？你太乐观了！大家知道吗，2014年全球HDI排名，中国排在第101位！除了HDI，我们的人均GDP的排名也很靠后。换句话说，一方面我们的经济高速增长，另一方面社会发展方面问题很大。在这样一种环境里，一方面非营利组织，包括社会企业，将大有可为；另一方面，企业也面临许多挑战，需要不断创新。过去几年大家都在谈企业社会责任，或者富人慈善。现在一些大型跨国公司开始提出并实践一种新的概念，叫“共享价值”，请大家关注一下这个概念。共享价值是一个超越企业社会责任或富人慈善的概念，现在许多企业都在强调共享价值。什么叫共享价值呢？就是把公益和社会责任植入企业的愿景之中，内化为企业的内在价值，并使之成为企业的核心目标。用中文的“善”来表达这种境界，履行企业社会责任或者富人慈善叫作“善行”，以营利为目标叫偶为善行、适当行善；共享价值则叫“行善”，把公益植入企业目标之中，即为行善，只有行善才能成功，只有拥有共享价值的企业才能成功，因而行善本身成为企业的内在价值和核心目标。这个时候你会发现，企业越来越像非营利组织，并且只有这样企业才有生存发展的空间，否则就会被淘汰掉。这时候，非营利组织就日渐成为时代的潮流，引领时代的发展。

这样一种倡导共享价值的新时代，就是我所理解的非营利组织的3.0时代。在这种情境下，企业只有真正实现了共享价值，才能实现自身的市场价值和社会价值。在这里，企业和非营利组织，或者社会企业，已经没有本质的差别，它们在愿景和使命的层面已经拥有了共享价值。这时候，企业和非营利组织的合作，就是战略层面的合作，而不仅仅是战术层面的合作。

战略是什么？它是基于愿景、价值和使命的策略行动。只有拥有了共享价值，企

① Human Development Index（HDI），由联合国开发计划署（UNDP）在《1990年人文发展报告》中提出，用以衡量联合国各成员国经济社会发展水平，被认为是对传统的GNP指标的更正和替代。

业才能够和非营利组织开展战略合作。今天，世界上许多成功的创新型企业都和非营利组织建立了战略合作伙伴关系。新媒体或者社交媒体的出现和发展则大大推进了这种伙伴关系，使得共享价值成为面向整个社会的，而不限于少数企业和非营利组织。

因此，共享价值是一个已经实实在在涌现出来并正在实现的愿景，推动着政府的转型、企业和非营利组织的战略合作，并通过新媒体扩大到全社会，乃至实现最大限度的公众参与和透明。这就是我所谓的 3.0 时代。

师 A：我不知道大家是不是理解了。我们拥有共享价值的 3.0 时代正在到来。不仅如此，我们实际上用很短的时间同时进入了 1.0 时代、2.0 时代和 3.0 时代！

今天的中国，我们正在大力培育和发展非营利组织，推广和发展企业社会责任和社会企业，同时我们也在积极探索共享价值。也就是说，我们同时在推进非营利组织的 1.0、2.0 和 3.0 时代，历史给了我们一个进行全方位社会创新的重大机遇（见图 1—2）。

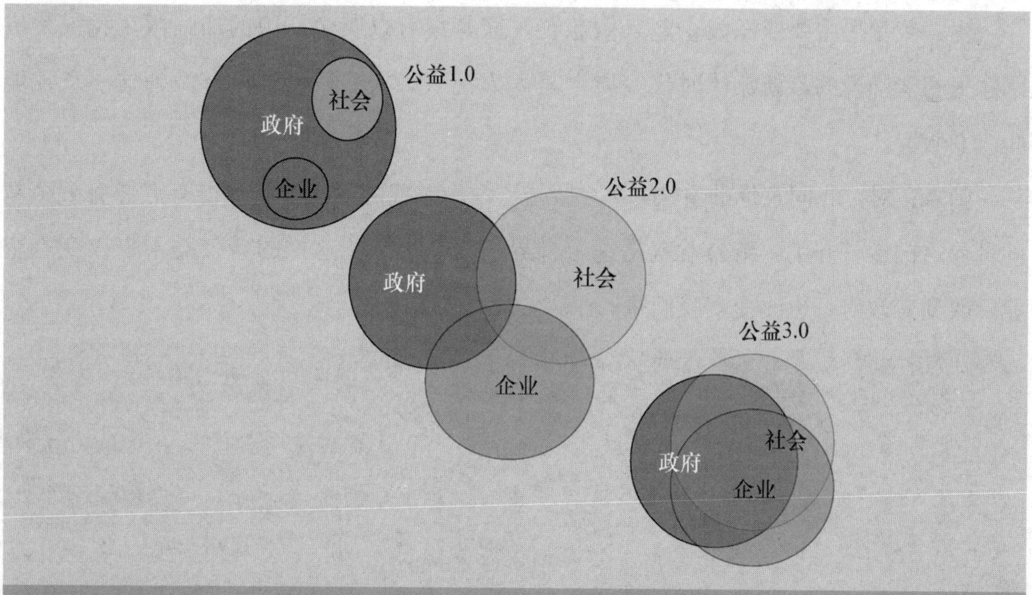

图 1—2 非营利组织的 1.0 版、2.0 版与 3.0 版

生：老师，能否给我们举出一个公益 3.0 版的实例？

师 B：好的，应该说我们已经看到新时代的种种迹象或者趋势。比如可口可乐公司。我日前去了可口可乐公司总部，发现有一个很大的改变。大家知道可口可乐是一家生产碳酸饮料的大企业，但你们知道这个企业今天的核心业务是什么吗？不是配方，不是销售，也不是人力资源管理，而是可持续发展！不久前我去深圳参加了一个国际论坛，我发现很多大公司都把它们的社会发展项目作为其主要业绩大加宣扬，比如腾讯。在一定意义上，企业已经把公益变成一个核心战略，并和政府、非营利组织建立了战略合作伙伴关系，同时又是一个人人可公益的平台。

师 A：没错，我也注意到这一点。

师 B：你会发现今天这个时代，许多商业巨头不仅关注公益，而且在努力实践公益，将公益内化为企业自身的产品，形成强有力的公益品牌，将公益植入企业自身的运行之中。只有这样才能实现企业和社会的共享价值，才能成为真正的公益3.0版。

师 A：我再补充一下这个问题，大家知道“微公益”吗？我最近见过新浪微公益的贝晓超，他领导的微公益部门上线一年多的时间，就从一个新兴的边缘业务迅速发展为新浪的核心业务之一。不仅新浪是这样，腾讯、阿里巴巴也是这样。不久前我见到马云，他给我介绍阿里巴巴的公益平台，它也是在短期内迅速发展起来的。

生：我觉得主要依托大企业来做慈善，充其量可以叫 2.0 版的加强版。我很赞成刚才王超老师说的，新媒体时代实质上是人人慈善、人人行善，只有做到这一点才能叫 3.0 版。

师 A：对，我同意你的看法，3.0 版是一个新时代的概念。我觉得有点像有一个新的世界之门被打开了，新公益就是这个世界的入口之一。这样的新公益不仅改变着企业，改变着政府，也改变着我们每一个人。

新浪微公益

新浪微公益于 2012 年 2 月正式上线，作为一个汇集网友爱心的平台，致力于将求助者、爱心网友、公益机构等资源进行整合，打造中国第一个有影响力的社会化劝募平台。该平台的特点是通过简单容易的流程降低了公众参与公益的门槛。平台上的求助内容，主要分为支教助学、儿童成长、医疗救助、动物保护、环境保护五个重点方向，每个项目都简要清晰地描述了项目介绍、发起人、捐助对象、目标金额、救助时间等信息，网友可根据自身情况随时奉献爱心。

生：我能讲一下我对这门课的三个期待吗？

师 A：可以。

生：我的第一个期待是：现在政府将越来越多的职能转移给社会，希望社会组织来承接，那么我希望从这门课中了解到的是，作为非营利组织，承接政府职能的边界在哪里？哪些是非营利组织能够做的？哪些是非营利组织不能做的？

我的第二个期待是：我想多听两位老师谈一谈你们亲历的故事。在你们研究和做事的过程中的一些真实的故事，包括其中的酸甜苦辣、喜怒哀乐。

第三个期待实际上是我的愿景。我现在是公务员，希望将来退休以后也能创办一个非营利组织，做我真正想做的事情，因此我希望从这堂课上汲取一些精神和营养。

师 B：为什么要等到退休呢？

师 A：我也想问你这个问题，为什么你不马上就开始做呢？

生：现在我也在做公益，不过真的没有那么多精力，只是在一点点地做。

师 A：谢谢你讲的这三个期待。我和王超老师都希望通过我们的努力回应大家的期待。我更希望大家能换一个角度，通过这门课体验一个非营利组织的管理者或者从业者的愿景、使命、酸甜苦辣以及喜怒哀乐，从而能够理解和感悟另外一种人生价值和活法。我们希望这堂课能够带着大家一起经历这样一个学习的过程、体验的过程、感悟的过程，使大家能够理解非营利组织，走进非营利组织，甚至有些同学能够马上开始创办非营利组织。我想这就是我们开设这门课的目的。

王超老师还有什么要补充的吗？

师 B：没什么了。今天的课就上到这里，谢谢大家！

复习思考题

1. 非营利组织产生的背景有哪些？如何理解创业者及其内在动力对非营利组织产生的影响力？

2. 谈谈你对非营利性的看法。

3. 你怎么看人民团体和事业单位？它们在什么意义上属于非营利组织？

4. 如何理解非营利组织的 3.0 版？如何区分非营利组织的 1.0、2.0 和 3.0 版？

本章参考文献

Robert D. Putnam. *Better together: restoring the American community*. New York: Simon and Schuster, 2004

Bruce R. Sievers. *Civil society, philanthropy, and the fate of the commons*. Medford, Mass: Tufts University Press, 2010

［美］罗伯特·帕特南. 使民主运转起来：现代意大利的公民传统. 南昌：江西人民出版社，2001

［美］罗伯特·帕特南. 独自打保龄：美国社区的衰落与复兴. 北京：北京大学出版社，2011

马秋莎. 改变中国——洛克菲勒基金会在华百年. 桂林：广西师范大学出版社，2013

王名. 社会组织论纲. 北京：社会科学文献出版社，2013

王名. 中国NGO口述史（第一辑）. 北京：社会科学文献出版社，2012

第 2 章

非营利组织的领导与组织学习

2.1　基本原理

非营利组织的领导是权威、艺术和程序的统一。作为学习型组织，非营利组织以其开放、创新和可持续的学习能力应对并引领变革。头脑风暴是学习型组织创新的重要工具，催化则是生成非营利组织学习能力和领导力的核心艺术。

2.1.1　非营利组织的领导与领导力

非营利组织的领导是一个过程，领导力是这一过程的核心。

领导力来源于领导者的特质，后者包括两个方面：一是职位权力；二是个人威望和能力。领导者的权力基础分为五类：惩罚权、奖赏权、合法权、模范权、专长权。

对于非营利组织来说，领导力和组织的宗旨结合在一起。非营利组织的宗旨包括愿景和使命。对于非营利组织来说，领导力归根到底是组织愿景和使命的建构、共享及实现的能力。

非营利组织的领导者是组织愿景的建构者和组织使命的践行者，领导者要深谙宗旨并身体力行，以其言行感召和带动成员为组织的宗旨而奋斗。作为非营利组织的领导者，面对组织的宗旨，要处理好三方面的关系：一是处理好宗旨和决策的关系；二是处理好宗旨和具体目标的关系；三是处理好组织内部资源和外部资源的关系。

2.1.2 非营利组织的领导、决策与治理

一位优秀的非营利组织领导者需要具备的基本能力包括三个方面：一是兴趣、才干和聆听的能力；二是良好的沟通技巧；三是保持客观和超然。

对非营利组织的领导者来说，在领导方式上需考虑如下原则：一是跳出工作看工作。二是注意不要把全部资源集中在一件工作上。三是在决策之前自问一下：有没有反悔的空间？如果有，就可以承担更大的风险。四是对资源和成果负责。五是要树立典范。

决策的含义包括三方面内容：一是一定的目的；二是有两个以上的可选择方案；三是决策是一个过程。应建立和健全科学决策的支持系统。对非营利组织来说，由于所提供的是公共物品或社会服务，组织的决策过程同时也是治理的过程。所谓治理，指的是非营利组织为向社会提供公共物品或服务，按照效率、法治、责任的原则与相关各方的合作与互动的过程。

非营利组织的决策和治理要依靠一定的组织结构和制度。在许多非营利组织中，决策和治理的结构均基于理事会制度。理事会是组织治理的核心。秘书长则是贯彻理事会决策的关键人物。

决策和用人是领导者的两件大事。好的领导者在用人时应遵循的基本原则，一是重视能力，二是按事选人，三是用人所长，四是用人不疑，五是合理授权，六是全力支持，七是关心下属。

提高领导效率，一要尽量摆脱过去，着眼于未来；二应按例外原则办事，充分授

权；三应着眼于全局，不应以压力作为工作次序的标准；四要注意提高会议效率。

2.1.3 组织学习与学习型组织

外部环境的瞬息万变、社会需求和问题的日益复杂交错、科学技术的高速更新以及社会变革的不确定性，成为当今社会的新常态，非营利组织要适应这种新常态并引领变革，必须改变传统的思维方式，不断重新思考其定位、战略和行动计划。提高组织中的个人、团队和机构的学习能力，进而使组织成为有思考、有行动力和有核心竞争优势的学习型组织，是当今非营利组织走向成功和卓越的必经之路。

近年来，组织学习和学习型组织的理论及实践有了长足的发展，特别是 U 型理论的提出。U 型理论倡导的向过去学习和向正在呈现的未来学习的思想，以及一系列的关于学习、沟通和反思方法的指引，对非营利组织有着十分重要的意义。

脑力激荡（也称头脑风暴）和催化的艺术是非营利组织学习、创新和战略管理的方法与手段，也是非营利组织领导者和管理者必备的能力。

2.2 课堂对话

2.2.1 非营利组织的领导与领导力

师 A：这堂课我们来谈谈非营利组织的领导和领导力问题。我首先想问王超老师一个问题：你是怎么成为非营利组织领导者[①]的？什么样的人能够成为领导者？

师 B：领导力是一个有争议的话题。有人说领导者是天生的，有的人天生就具备领导者的素质和潜力，有的人则可能很难成为领导者。在我看来，其实领导者是可以造

---

① 王超，1996 年毕业于加拿大蒙特利尔大学，获博士学位，次年弃教从事公益实践，从最基层的驻点项目官员一直做到国际最大公益机构在华 CEO，拥有 18 年国际公益组织管理及领导经验。工作领域涉及扶贫、救灾、环保、战略规划、项目管理、财务监控、风险管理、筹款、公共关系、领导力开发和能力建设等。

就的，是可以通过学习来成就的。我觉得没有人天生就是领导者，可能有些人更有这方面的特质或魅力，但我认为：首先，每个人都有成为领导者的潜质；其次，需要一定的条件和环境；最后，更重要的是要有挑战，当一个人面对挑战的时候，他的潜质就会发挥出来。所以我认为领导者是可以被造就的。从我本人来看，我不是学管理和领导的，但在一个机构里工作多年，积累了很多经验，也看到了很多需要，使我有一种很强的激情和使命感，去追随这个机构的愿景和使命，从而可以比较好地去发现和发挥我身上的潜质。这样的环境和条件，是可以造就领导者的。

师 A：这是一个很有意思的观点：领导者是可以造就的。你刚才讲到了内在的一些因素，比如追随愿景、面对挑战、勇于担当等，还有外在的一些条件和环境，这内、外两个方面的因素能否再展开讲一下？

师 B：非常重要的内在因素是你要有一种激情和动力，去追求你的梦想、机构的梦想，或是共享的梦想。我觉得成为领导者首先是一个由内而外的过程，我们把它叫 inside-out（由内而外），领导者首先要具备这样一些内在的品格和潜质，然后外在的东西才可以成为一种载体。

师 A：一些什么样的品格？通常哪些是领导者必备的品格？

师 B：首先是正直、公益、有爱心和愿意承担，这些都是非常重要的领导者品格。我们很多时候倾向于喜欢那些富有魅力、擅长演说的领导者，但是真正可以持续领导有愿景和梦想的非营利组织的人，内在的品格往往更为重要。其实有很多非常成功和非常卓越的组织，包括非营利组织和商业组织，它们的领导者大多不善言辞，也不是很有个人魅力的人，但他们同样能带领机构走向优秀和卓越。有一个叫吉姆·柯林斯（Jim Collins）的人，在他写的《从优秀到卓越》的书里提到，他所研究的那些非常成功、持续成功、十分卓越的组织，它们的领导者都不是那种很光鲜靓丽的形象，反而都比较谦卑。他们通常有两种特质，我觉得非常重要：一是他们具有极强的激情和意愿，他们愿意去追求卓越；二是他们通常很谦卑，并不高调和傲慢。

师 A：作为领导者，特别是非营利组织的领导者，通常都会面临一个问题：怎样树立或维持在组织中的威望和感召力。

师 B：当我们谈到领导和领导力的时候，往往把注意力放在领导者身上。其实，领导还有一个对应的重要概念——追随，因为没有人追随就谈不上有人领导，英文与

leader 对应的是 follower。对非营利组织来讲，追随尤其重要，因为当你追随一个非营利组织领导者的时候，你就会认同这个组织的使命和愿景，也会认同领导者本人的品格、德行、修养和信心。领导有一系列的特质，拥有心甘情愿的追随者，而不是被迫和被强制的追随者，这是非营利组织领导者的一个重要特点，也是一项重要指标。

师 A： 说到追随或者跟随，是不是有一个相应的机制问题？

师 B： 这就要说到愿景和使命，它们是最重要的第一层面，非营利组织的领导者要建构一个有感召力的愿景和使命，使追随者能够共享。同时，他也应当是一个好的倡导者，能够把愿景和使命表达出来，让大家共享。再一个就是组织的环境或者场域，要是一个学习型组织，我们称之为一个“使能”（enable）的机构，就是使人能够在其中创造、学习和产生影响，使追随者也能成为领导者，这对非营利组织的追随者来说尤其重要。每一个加入非营利组织的人，都是带着理想、愿景来的，希望在这里能有一番事业，对社会作出贡献，这对于一个领导者来讲，也是一个很高的要求。当然，一个学习型组织需要有一个好的学习环境和氛围，这跟领导者是不是一个很好的催化者有关。关于催化，等一会儿我们会专门讲到。简单地说，一个优秀的领导者应是一个非常艺术的催化者，能够催化环境，催化学习者，催化机构健康成长并走向卓越。

师 A： 非营利组织的领导者，与企业和政府的领导者相比，有哪些共性或相通之处？

师 B： 现在有一种趋势：商业机构的领导和管理开始 NGO 化，NGO 的管理和领导也越来越商业化，这就是刚才你提到的共性问题。我觉得共性的问题，核心还是在愿景和使命，一个卓越的 NGO 和商业机构，它们都需要一个愿景型的领导，带领组织朝着正确的、有前景的方向前进，这些已经成为现代商业机构、非营利机构和政府部门共同的问题。政府部门同样需要有一些愿景，同样需要有一些创新，让这个机构朝着一个正确而富有创新的方向前进。这些正是这三大部门里的领导者，在他们想要带领组织走向卓越的时候，所应该具有的共性。领导者在这里发挥着非常重要的作用，即他要带领这个机构、这个团队朝着这个方向前进，所以他的贡献就是发挥愿景型的领导力。

师 A： 讲到学习型组织，谈到领导力，能不能说在一个优秀的学习型组织里，领导人本身就是一个优秀的学习者？或者说，领导者通过不断学习改善自己，不断地调适自己，不断地从别人那里汲取好的东西，然后不断地开拓创新？

师 B：学习型组织的领导者，他首先是一个终身的学习者，就像你刚才讲的，他永远能跟上社会变革的步调，他一定是一个持续的、高效的学习者。但是作为一个学习型组织的领导者，这些远远不够，他还应该是一个好的教练，可以带领他的团队、他的员工学习；他还应该是一个好的催化者，可以让组织内部的个人和整个组织的学习过程变得容易和有效。概括起来，对于一个学习型组织的领导者来说，首先，他是一个有效的学习者；其次，他是一个好的教练；最后，他是一个非常艺术的催化者，他是一个催化大师。

师 A：这个不只对非营利组织是这样，而且对企业和政府也一样。

师 B：一般性的组织都是这样。

师 A：在这个意义上讲，这是不是现代组织的 3.0 版？

师 B：对，它是一种高强度参与、平台性、伙伴型的现代组织，在这个意义上，这也的确是现代组织 3.0 版的一个重要条件。

2.2.2 领导与管理的差别

师 A：王超老师你从一个非营利组织的普通项目官员，成长为一个区域的管理者，最后成为一个全球机构的领导人，能不能从你的个人经历出发谈谈管理和领导的主要区别？

师 B：在一个组织机构里一般有三个层次：第一个层次是所谓的实施者，就是做事的人（doer）；第二个层次是所谓的管理者，就是经理人（manager）；第三个层次是所谓的领导者（leader）。作为实施者的时候，主要面对的是具体的事情，并尽全力去做好每一件具体的事情，这是第一个层次。第二个层次是作为管理者，涉及资源的分配、计划、实施、评估等等，实际上是面对整个系统，比如资源的分配和管理、计划的实施和预算，以及整个监控的过程，这里涉及的虽然还是事务层面，但不是具体的每一件事情的实施，而是一个带有系统性、综合性和科学性的过程，要求协调整个系统、动员所有资源、确保每个人都把事情做好，这时候管理者已经具备了领导者的素质。

第三个层次，领导者最重要的特点是要做人的工作，他的对象主要是人，他是发展人的。若说他可以生产什么？他生产更多的领导者、更好的管理者。你刚才讲的成长过程，其实也不能完全分开来看。在每个层面上都有一个管理者或领导者，哪怕对自己而言，他是一个管理者和领导者。所以任何一个层面都会有领导者出现，但领导与管理的确在本质上又有很大区别，领导面向的是人，管理面向的是事，所以“人的管理”这个提法其实是错误的，因为人是不可被管理的，人只可以被领导，而事情才是可以被管理的，领导与管理最大的差别就是去了解、认识和接触人。对于一个领导者来讲，你要去懂得人，它不仅仅是一门科学，还是一门艺术，最重要的还是要“做人”，这就是为什么品德那么重要的原因。如果一个人在品德上有缺陷的话，基本上不可能成为一个好的领导者。

师 A：你刚才讲的这个很有启发，就是实施、管理、领导，实际上面对的是不同的对象：实施面对的是执行任务，管理面对的是做好事情，领导面对的是人，是协调和发展。这是一个非常好的理念。另外有一点很重要，领导者实际上有一种素质，在任何岗位上其实都会面对如何成为领导者的问题，比如，作为一个普通的员工，要知道如何成为自己的领导者，或者说怎样培养自己的领导能力。

师 B：领导不是我们所讲的一种阶层制的产物，你在任何一个层面都可以做领导。领导是关于人的，你怎样去建立自己，就是自我领导，你怎样去建立他人，就是领导他人。在现代领导理论里有一种“仆人式领导”（servant leadership），就是说你在服务人家的时候，也是在领导他。在很多非常成功的企业里，领导者往往把自己当成服务者。为什么叫“仆人”呢？你在很多描写欧美家庭的影视作品里会发现，仆人或者管家才是真正的领导者，因为他一直是在服务。在现代领导学中这是一种重要的理念，就是“仆人”（servant）、“领导”（leadership）两个不同位置的概念完全被放在一起了，成为“仆人式领导”。一些研究经验告诉我们，在一些大的企业和非营利组织里，实施仆人式领导的组织往往有更好的业绩、成就和社会影响力。在任何一个场合，当你在服务他人的时候，你本身就是在扮演一种领导的角色。

师 A：这一点很有意思，仆人式领导。从人际关系或者社会资本的角度来说，领导者是不是起到了一种枢纽型的作用？或者说它是社会关系的撬动器？

师 B：这里反映的是领导最本质的东西。以往讲领导好像一定是要引领人，其实（仆人式）领导的含义已经不再是传统的老板和员工、雇主和雇员之间的关系。对于依靠愿景和使命驱动的非营利组织来讲，这一点更有意义。刚才提到了柯林斯，他在《从优秀到卓越》中提到第五级的领导（Level 5），即最高级别的领导里有一种强烈的愿望和非常谦卑的心态，说的实际上就是跟仆人式领导所共同拥有的特质。柯林斯后来还专门谈到非营利组织，他认为仆人式领导对于非营利组织来说尤其重要。

2.2.3 非营利组织的治理与治理结构

师 B： 从这个角度来讲，我们有时候在治理结构上，将非营利组织的管理和领导混同起来。

师 A： 这堂课要讨论的另外一个核心概念就是治理结构的问题。对于一个非营利组织，我们会将它和营利组织或者政府机构比较，比较它们的不同之处。我们发现，它们之间最大的不同就在于治理结构，非营利组织的治理结构跟董事会的治理结构有很大不同，跟政府自上而下的科层制治理结构也有很大不同，在非营利组织里发挥重要作用的是理事会。其实在英文语境里面，包括在中国的香港和台湾地区，谈到非营利组织治理结构的时候也都用的是“董事会”这一词汇，但在中文语境里，为区分起见，目前大陆的相关法规都明确规定是“理事会”。

理事会是理解和把握一个非营利组织治理结构的关键，严格说来，理事会应该是一种处在“道”和“术”之间非常重要的组织架构。不同的非营利组织，理事会的构成和功能也有很大的不同。比如基金会和社团，以及我们现在叫作“民办非企业单位”的社会服务机构，它们的治理结构就有很大不同。一般来说，社团和基金会是两种基本的非营利组织，从本质上讲，社团是由人构成的组织，基金会是由钱构成的组织，因此在治理结构上，社团的治理结构是有效地进行人的社会关系调整，基金会的治理结构是有效地进行财产关系的调整。这两种关系是不一样的，所以基金会和社团的治理结构也不同，我们现行法规在治理结构方面已经做了一些区别。

但是二者的治理结构也有一个共同的地方，就是两者都是非营利性的，都有很强的社会责任、愿景和使命。相对于企业来说，企业的社会责任是外在的，是组织使命之外的社会责任。对于一个非营利组织来说，践行公益的社会责任是内在于组织使命之中的，因此要求其治理结构要充分体现一种对社会公益的责任，这就要求在非营利组织的治理结构中，必须有一定比例的理事对社会负责，不仅要对财产的出资人负责，更要对社会负责。这就是我们今天这堂课的主题，即如何形成一个对社会负责的治理结构。

我国的非营利组织都必须成立理事会，包括基金会、社团和民办非企业单位。以基金会为例，它要求有更多的社会参与，比如 2/3 以上的人不得获得报酬，要以志愿者的形式加入理事会，而且理事会的人数有一个上限，不能超过 25 人，另外对基金会理事会的利益关系、利益冲突也有明确规定。下面请王超老师谈一谈，INGO 的治理结构有什么特点？跟我们的非营利组织治理结构有什么区别？

师 B：就我所工作过的国际机构的治理结构来看，一般都是叫作董事会，相当于国内的理事会。董事会成员都是志愿者，没有任何薪酬。董事们来自不同的领域，基本上都是国家或国际层面的一些精英和受尊重的社会人士。在人员构成上也有一些安排和设计，目的是希望有影响的人，特别是法律界的知名专家、企业界领袖等精英能够以志愿者身份加入董事会。谈到治理结构，有一个很重要的原则，就是作为非营利组织的领导人，比如 CEO 和总干事，他们跟董事会之间的关系非常清晰。通常董事会不会介入机构管理层面的事务，它更多地关注治理层面的事情。董事会主要是关注机构大的方向，当然董事会具有对机构总干事或 CEO 的任免权力，这是最大的问责，也是最高层面的问责，这些在董事会里面都会有非常清楚的程序。我自己印象非常深的是，每年去开董事会的时候，整个会议程序非常清晰，对一些要讨论的事项都会有非常清楚的规范和格式，所提的问题也基本上都是针对治理层面上的，比如战略方向的调整、主要的筹资情况、主要的运作情况等等，基本上不会涉及机构管理层面的事情。

师 A：我们现在的基金会在理事会构成上开始出现一种现象：理事会成员中越来越多地出现了捐款人，这个现象在国际 NGO 中有没有受到限制？

师 B：在国际机构中，有一些大企业的老板会出任董事或者理事，他们也是捐款人和支持者，但对于很多国际 NGO 来讲，它们主要的捐款还是来自公众，所以如果一个国际 NGO 的主要捐款来自少数几个甚至某一个企业，或者一个非营利组织的理事会成员大部分是捐款人，这恐怕是有问题的，因为一个非营利组织需要有基本的独立性。

师 A：我们现在有些基金会的理事会成员中有一大半是捐款人，而有些捐款人会觉得捐款的压力太大，因为捐了款才进入理事会，要继续参加理事会就必须继续捐款，所以他们不愿参加理事会。

师 B：这里有两个方面的压力：一方面是捐款人本身会有压力，因为要持续捐款；另一方面是对机构也有压力，因为这会对机构未来的方向、定位或战略产生影响。对于一个非营利组织而言，重要捐款人其实不需要进入理事会成为关键问责者，它往往会有自己的问责方式，非营利组织有义务向重要捐款人定期报告工作，捐款人要及时了解捐款的使用情况，要检验机构是否实现了他期望的捐款目标，这与理事会代表公众来问责机构的方式有很大不同，这是非营利组织治理结构中一个本质性的特征。

2.2.4 愿景与使命

师 A：对于“非营利组织管理”这门课，我们上次跟大家说过，在课程进行的过程中间，你们需要转换一下身份，成为一个非营利组织的领导人、管理者、员工，或是志愿者。那么作为一个非营利组织，首先不是“术”，尽管我们现在所处的这个发展阶段比较缺乏“术”的层面，但是更重要的是“道”。

那么非营利组织的“道”是什么？王超老师讲到愿景和使命。一个非营利组织为什么要成立？其首要出发点是一种精神、一种理念，而且这种精神和理念一定具有很强的对外辐射性，一种正的外部性，也就是我们现在叫正能量的一种东西。它跟市场中盈利的驱动力不一样，它是一种来自人性善的、道德上的东西，它是非营利的、公益性的。之所以形成非营利组织，开展各种各样的公益活动，它的原动力就是非营利组织的“道”，这也是它的立命之本。

对于愿景和使命的区别，我认为，愿景是客观存在于人精神之中的东西，在一定意义上它是一种远大的目标。使命是什么呢？它是一种带有驱动力的东西，不仅表现为远大、高尚，而且跟人的内心有一定的联结。愿景和使命，尤其是使命，是一种内化为人的精神，内在于人的行为和思想，一种形成凝聚力的东西，这两个概念在相当长一段时间里有非常密切的关系。

那么非营利组织的“术”又是什么？如果非营利组织没有“术”的层面，它就没有办法持续发展下去。

对于一个非营利组织而言，它“术”的层面非常重要的是它的组织架构、治理结构、制度规范和一定的原动力，另外还有战略规划和战略管理，它关系到一个组织能否有效地持续运行，特别是针对组织的中长期发展过程来说，它是非常重要的环节，可以把它理解成介于“道”和“术”之间的过程，也是一个导向未来的动态过程。一般来说，在一个组织发展到一定阶段之后，都有战略规划和战略管理的过程，比如年度的战略规划，或是中长期战略规划等，这些都是我们后面课程中要涉及的内容。

2.2.5　两种学习方法的导入

师 B： 现在我给大家介绍当今非营利组织使用最为广泛的两种组织学习方法：头脑风暴和学习过程的催化。

1. 头脑风暴

师 B： 首先是头脑风暴，也称脑力激荡，被普遍认为是当今最为有效的创造性学习和工作方法。我们不妨试试关于一支笔的练习：

老师举起一支笔，问大家：这是用来干什么的？大家每人回答一个答案，不得重复，想好的同学接过这支笔，答完后转交给下一个同学。其间老师可重复同学们的答案，并反复明确要求，鼓励同学们创新，提醒大家不要拘泥于一支笔，不要害怕可笑的想法，还可以在别人想法的基础上改善和提升等。

师 B： 脑力激荡用起来十分简单，然而要让一个脑力激荡的过程充满创造性，需要极高的“催化”艺术。我会在接下来的时间里介绍什么是催化，以及如何使用催化的艺术。

在做脑力激荡时，需要适当延迟我们的判断。在脑力激荡过程中，没有对错好坏，没有老师学生，也没有高明可笑之分，我们不去评判别人的想法。在有些脑力激荡的活动中，有的催化者甚至会“惩罚”评判者和批评者。比如在其面前放上一条纸做的鱼，即 FISH，意为：极为不恰当和令人不愉快的打击（fatally inappropriate slimy Hit），以示告诫，因为判断和批评如同将一瓢冰水倒进沸腾的开水之中，使人们失去创造的激情。

头脑风暴

头脑风暴，也称脑力激荡，被认为是当今最为有效的创造性学习方法。方法本身十分简单，就是让所有参加者在自由开放、畅所欲言的气氛中，不断地陈述、提问和追问，交换想法或点子，进行思想碰撞，激发参与者的创意与灵感，以产生更多创造性和创新的想法。

脑力激荡的方法十分简单，但如果想做得好和高效，就要对主持人（或催化者）和参与者提出极高的要求，主要表现在以下四个方面：

（1）延缓判断。

（2）自由联想。

（3）以量取质。

（4）利用并改善他人想法。

其次，脑力激荡强调无拘无束的自由联想，以及以量取质。只有更多的想法和创意，没有不好的和错误的思想。脑力激荡同时也鼓励人们在他人的想法上进行改进和二次创意，形成一个螺旋式上升的创新过程。

一旦我们学会了有效地使用脑力激荡，就会享受它给我们带来的强大创造力，你会发现一支平淡无奇的笔有着令人难以置信的功用！在我们的课堂里，将会不时地运用脑力激荡的学习方法。

2. 催化

师 B：接下来我们来谈一谈催化。

师 A：我插一句，最近我发现一个现象，在国内的干部培训中开始增设“催化师”并采用催化方法改善教学，这是一种积极的探索。

师 B：催化，英文为 facilitation，也有译为“协作”的。中国有一个著名的非营利组织叫“协作者”，英文名称就是 Facilitator。这个词中文很难准确翻译，不过译为“催化”较为贴切，就像化学反应的催化过程，而催化者如同是催化剂，他/她并不改变反应过程中的成分和结构，但使得改变的过程变得更加容易、快速和有效，催化使人们更容易到达共同的终点。

催化

催化，也称为协作，被广泛地运用于机构的战略规划与管理的学习和实践过程之中。催化是关于过程的，这个过程可以是机构的战略规划过程，也可以是一个决策过程，还可以是机构一般意义上的学习过程。但催化不是关于内容的。催化者的作用是使过程（特别使学习过程）变得简单、容易和有效，使得被催化者能够达至共同的目标。催化包含了三个层面：自我催化、催化他人以及群体催化。

如今，催化被广泛地运用到非营利组织各个层次的学习和决策过程中。催化之所以得到非营利组织的特别青睐，是因为其背后的一系列理念与非营利组织高度吻合，比如：催化要求全面合作，要求有平等的价值观，要求决策公开，要求机会均等，要求权力和利益的共享，要求共担责任与风险等等。

从社会发展的角度看，催化顺应了人类社会发展和进步的趋势，也合乎人类社会关系的演进以及文化进步的趋势。另外，催化致力于发掘人类所拥有的最为重要的资源：集体协同优势（group synergy）。

师 A：一堂课，怎么上才叫催化？什么样的老师是催化师？首先要转换角色，其次要创造场域。你们看我今天换上红色的冲锋衣，手里拿着移动麦克，在你们面前晃来晃去，这不像是老师在上课，这就是催化师的角色！催化师不是讲课，不能坐在那儿照本宣科，不应当定位在传授知识上，而要努力创造一种场域，把大家的想法、创造力激发起来。催化师能让你的观点、你的想法、你心中涌动的创意等各种东西表达出来，这就是催化师的定位，所以在催化课上，老师讲得越少越好，学生讲得越多越成功，这个过程是在老师引导和努力下构建的场域中发生的，这就是催化。

师 B：那我们现在就来颠覆一下上课的模式，可以吗？

师 A：当然。

师 B：我先请大家站起来，每个人可以走动起来，找一个你最不熟悉的人，两两一对，然后先请你们相互做一个介绍吧。

（学生互动）

师 B：好，停下来吧。你们有 4 个人一组、3 个人一组，也有 2 个人一组的，我觉得已经非常成功了，你们已经活跃起来，你们的交流也变得容易了，这是一个典型的催化过程。facilitate 是什么意思呢？在法语中 facile 是容易的意思，facilitate 就是使容易，那使什么容易呢？让这个过程变得容易，那最重要的过程是什么？

生：沟通。

师 B：沟通与交流的过程。还有吗？

生：发现、理解、执行能力。

师 B：这都对，但是也不完全对，有没有一个词可以描述人类最重要的过程。

生：学习、认知。

师 B：学习过程，learning process！所以最重要的是催化学习过程，让学习变得容易。那么催化者的角色是什么？就是让过程变得容易的角色。但是有一点需要记住，有没有具体的规定来导向这个过程。

生：没有。

师 B：我不会给你明确的内容和结论，我只是让你们的交流、学习过程变得简单容易。归纳起来，人在做决策的过程中，有以下三种类型：一种是独裁，我说了算，一个人就可以做决定。一种是民主，少数服从多数，但是有一个问题，极端情况下 49% 的人怎么办？只好成为牺牲者。第三种类型，也是人类真正可以进化达到的一种类型，叫作协商。协商可能会得到同样的结果，但不同之处是什么？是在协商的过程中，所有人的意见都可以表达出来，都能够被聆听，这是很不容易的事情（见图 2—1）。

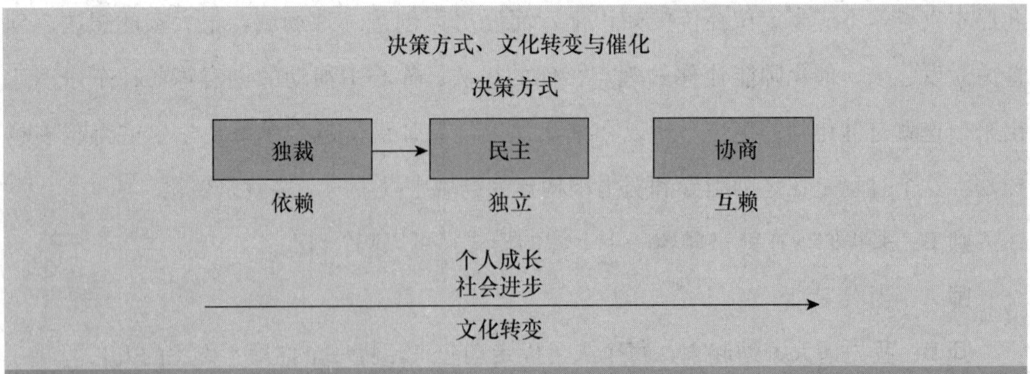

图 2—1　决策方式的不同形式

我刚才想让你们两人一组配对都很困难，更不用说大规模人群了，这时候需要什么呢？需要催化。所以独裁是很简单的方式，让一个人在上面做决定就行了。那么民主呢？它是基于投票，其实这是人类缺乏想象力的表现，还有比这更好、更复杂的解决方案，但是如何让复杂的过程变得顺畅？我们刚才讲到领导力，其中非常重要的能力就是催化，它可以促进人与人之间的沟通。现在你们可以坐回原位了，还有没有什么问题？

生：我还没有体会出来您的作用是什么？

师 B：我还没有催化你。他说没有起到什么作用，其他人觉得呢？

生：就是一个指令，你还没有说怎么去找另一个人。

师 B：我让你去找一个你最不熟悉的人。具体找的过程中，你们要用自己的语言去跟对方说，自己要去做，自己要去熟悉对方。

生：那找最不熟悉的人是为什么呢？是 facilitator？

师 B：这是个好问题，关键是我没有给你讲下一步的内容，因为催化的艺术很难在五分钟之内都告诉你们，但是如果有兴趣的话，我可以讲五天的内容。

师 A：刚才初步地热身了一下，我知道你们还没讨论完，因为催化得还不够，现在请王超老师用剩下的时间再催化一下。

师 B：好的，在形成愿景的时候需要一些练习，有时候叫憧憬梦想，英文是用 to dream the dream 来表述。2008 年北京奥运会的主题是“同一个世界，同一个梦想”（One World，One Dream），这也是一个愿景宣言。我们仅仅面对问题往往不够，当真正准备自己憧憬的时候，需要做一些准备工作，在催化里面叫“放空自己”。实际上我们每个人脑子或者生命里面装了很多东西，没有太多空间可以容纳新的东西，所以如果我们只是将脑子里已有的东西重新组合、搭配，那就没有太多空间可以让新的东西进来，并进行创新。

这种“放空自己”的练习，就如同把自己比喻成一个装满土豆的麻袋，然后把土豆从里面拿出去扔掉，剩下空的麻袋，只有这样才可以有新的东西进来。如何做到放空？你必须进入形而上的层面，这个层面可能是你的潜意识，或者是你的自由意志，或者根本就是你的梦境。当我们身上背负着太多包袱，有太多现实的东西在里面的时候，我们很难进入这个层面。因为梦想既不是现实的东西，又不受你的现实所限，它是一种非常美好的景象，虽然你可能永远达不到，但是可以成为一个追求的目标。

那么现在就请大家尝试一下，跟着我来做一下这个练习。

请你们选择一种最放松的姿势，坐下也好，站着也行，最好身体能够保持对称，不要歪着斜着，有点类似于打坐，尽量放松自己。接下来请你们闭上眼睛、深呼吸，把注意力集中到自己的呼吸上，然后慢慢地把注意力放到自己身上，忘记所有的事情。然后想象你能够去到的最美的地方，那是一个什么样的景象？

现在可以回来，有多少人真正地安静下来了？可能有的人根本就静不下来，有的人努力想静下来，然后又有多少人真正放空了自己。你们知道刚才静下来的那段时间有多长吗？

生：一分钟。

师 B：你呢？

生：三分钟。

师 B：如果我们连一分钟的安静都做不到，那如何进入梦境？虽然很困难，但是要形成愿景，就要抛掉所有这些现实世界的东西，进入潜意识、下意识或是自由意志，那里要比现实世界慢很多倍。如果你可以进入这个层面，可以发现其作用力是非常强的，真正的创造力或者创新都来自于此。

这仅仅是开始，如果用催化的道理来讲，它有三个层次：第一个层次是自我催化，能够接受自己、欣赏自己，那是非常重要的自我催化。现在对于一个机构来说，很多时候是要让大家一起共享它的愿景和梦想，如果你不能自我催化，自己都不可以形成梦想，那就更谈不上共享愿景。只有接受自我，才有充分的自信，才有可能去催化他人。第二个层次是催化他人，在接受自己的同时你要接纳他人。第三个层次是群体催化，你要接纳所有人，所有人的催化实际上最重要的是有个共享的过程，这需要通过催化的过程来达成一个共享的愿景。现在你们每个小组要达成的就是这个目标。如果大家还不能共享这个愿景，这恰恰就是需要催化的原因，但是你可以有你的选择，没有人强迫你。

师 A：我们这次只是尝试一下这个方法，让大家体会一种新的学习方式。我为什么对催化感兴趣呢？2012 年我参加了由中组部主办、我们跟麻省理工学院合作的 IDEAS 培训班，学员主要是来自浙江省的地方干部，这是中组部第一次举办这样一种培训班，当时由浙江省委组织部推荐了一批地县级的领导干部，基本上是市长和县长。

我们学院有五位老师全程参加，在麻省理工学院待了二十多天，然后在国内有不同的时间段，总共是半年时间。课堂上核心的一种方法就是催化，它的背后有一些理论，主要是彼得·圣吉和奥托·夏莫两个人提出来的 U 型理论。

U 型理论

U 型理论是彼得·圣吉和奥托·夏莫两人提出的一种学习理论，也是一种审视世界的新视角和一种革命性的领导方式。它强调创新的关键在于关注的对象和关注的方式，要完全理解关注和意图产生的内在场境，并与之建立联结，就是有意识接近“盲点”的 U 型过程，这就是“流现”（presencing），是结合了“当下”（presence）和“感知”（sensing）而产生的新的概念。

大家可能都听说过彼得·圣吉提出来的学习型理论，他提出了一个新的学习型路线图——U 型路线图，我们在半年的学习过程中就是来体会这个“U”的过程（见图 2—2）。

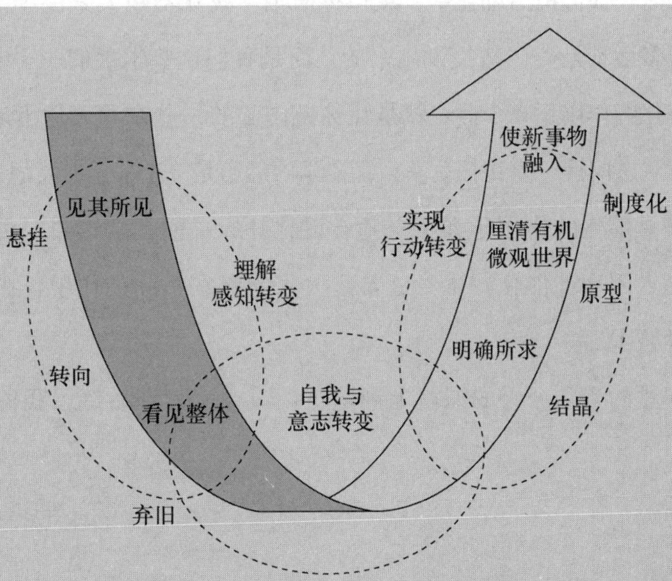

图 2—2 深层次学习与创新的 U 型过程

我发现在这个过程中，有一种非常吸引人的方法，就是不告诉你具体的内容或方向，也就是那位同学刚刚问到的问题，它创造了一种学习的环境和场域，在这里面很难说老师给你什么具体的内容，而是会形成人与人之间的相互激发、相互学习的氛围。当时我们的教室里没有桌子，都是将椅子围成一圈，前后我们做过四次这样的催化活动。老师最后是这样说的，你们不是向我学习，你们说的比我精彩很多。课程结束时我们每个人都分享自己的感想，包括我在内的很多人都落下了眼泪，就连彼得·圣吉和奥托·夏莫两位世界级的教授也感动了。

他为什么会那么感动？他说是你们让我感动的，你们是我所接触的最优秀的一批中国官员。我们在美国期间，正好赶上希拉里在哈佛有一个非常反华的言论，她说中国有很多精英都跑到国外来了。那天正好是我们开放讨论的时间，后来我说在座的各位都是中国的官员，也算是社会精英吧，各位谁有亲属在美国的，请举一下手。结果没有一个人举手。我说你们听完我们这些学员的发言以后，还会认为我们这些人会把资产转移到美国来吗？有些人之所以转移过来，是因为他们在中国已经没有未来了，我们之所以在中国，是因为我们深信我们有未来。

当我在讲这些的时候，很多来听课的美国人听完后也非常受感动。有一个美国老师说他刚进来的时候就估计这些官员肯定会在课堂上打瞌睡，发言也不会说出什么东西来。结果课堂结束以后，他们最后都在拿着纸巾擦眼泪。我就不跟大家讲详细的过程了，但你的确会看到很多话不是美国教授说出来的，而是我们这些学生们——中国官员自己说出来的，所以催化的作用正在于此，就是让你把内心的一些东西表达出来，这是它最大的价值，也让我对这门课一直记忆犹新，那段学习经历是一个非常有意思的催化过程。

我的体会是，催化的作用不在于老师告诉你什么，而是会形成一种场域。我们不仅仅可以在课堂上用这种催化技术，还希望大家能够在实际工作中，在你的单位或团队里去使用这种艺术。

大家没有问题的话，今天的课就上到这里，希望大家课后练习我们前面提到的两种学习方法。

复习思考题

1. 如何成为一个非营利组织的领导者？领导者的内在品格和外在条件有哪些？
2. 学习型组织有哪些主要特点？你是否认为你所在的机构是一个学习型组织？
3. 怎样理解领导和管理的区别？什么是仆人式领导？如何做到仆人式领导？
4. 你如何看待非营利组织的“道”与“术”？

5. 为什么头脑风暴学习方法具有很高的创造性？

6. 催化作为一门学习的艺术对机构的领导与战略管理有哪些意义？

本章参考文献

［美］奥托·夏莫，凯特琳·考费尔．U 型变革：从自我到生态的系统革命．杭州：浙江人民出版社，2014

［美］彼得·圣吉．第五项修炼：学习型组织的艺术与实践（新世纪最新扩充修订版）．北京：中信出版社，2009

俞可平．治理与善治．北京：社会科学文献出版社，2000

［美］詹姆士·杰雷德．世纪曙光：非营利事业管理．台北：五观艺术管理有限公司，2001

Peter Ferdinand Drucker. *Managing the non-profit organization*：*practices and principles*. New York：Harper Collins，1990

第3章 非营利组织的战略管理

3.1 基本原理

战略管理是非营利组织管理的重要职能之一。一个组织要采取积极有效的措施迎接各种挑战和机遇，必须实施战略管理。战略管理使一个组织能够由被动转为主动，由消极转为积极，由盲目转为有计划。

3.1.1 非营利组织的战略与战略管理

“战略”一词源于军事，用于非营利组织，强调的是关乎组织宗旨、长远发展及总体行动计划等重大事务。战略管理的核心内容是战略规划，是非营利组织管理的核心职能之一，强调的是对非营利组织的宗旨、资源、活动和发展实行的总体性规划或管理，涉及一个非营利组织制定和实施重大战略的一系列管理决策与行动。通常情况下，战略管理主要规定一个非营利组织未来 3～5 年的中期发展目标、战略性计划及其实施规划。作为一种重要的管理工具，战略规划通过共享组织的愿景和使命凝聚共识并形成核心竞争力，从而达成全面提升组织能力的目的。

3.1.2　非营利组织战略管理的特点与意义

非营利组织战略管理涉及组织的宗旨及其发展的内外环境，是围绕组织宗旨开展的凝聚共识并形成核心竞争力的组织学习过程。概要来看，非营利组织战略管理的主要特点和意义在于：

第一，通过战略管理，明确组织宗旨，使所有成员都能深刻理解并达成共识，使之成为组织行动的纲领。

第二，通过战略管理，界定组织的任务，使所有成员明白要干什么和为什么人服务，使整个组织找到落实其宗旨的任务定位。

第三，通过战略管理，回归组织的愿景和使命，使所有成员能够共享愿景并明确自身使命，形成感召力并唤起源自内心的精神动力，充分调动每一个成员参与活动的积极性和创造性，使整个组织充满活力。

第四，通过战略管理，明确组织发展的优先目标，分清轻重缓急，舍弃那些无效或无关紧要的工作，将有限的资源用于组织发展最紧迫的事情。

第五，通过战略管理，分析和诊断组织发展中存在的问题，有序地推动制度创新。

第六，通过战略管理，密切注意外部环境的变化，把握各种有利于组织发展的机会。

3.1.3　非营利组织战略管理的程序和内容

非营利组织的战略管理在程序上包括五个阶段：

第一，准备阶段，是战略管理的开始，这一阶段应完成四项基本任务：一是确认规划的开始，二是成立战略管理委员会，三是制定战略管理的程序，四是召开战略规划说明会。

第二，分析阶段，主要工作包括组织诊断和环境分析两大内容，目标是分析组织的内外部环境，作为规划阶段的基础。

第三，规划阶段，是战略管理的核心，其中心任务是通过召开战略管理委员会的一系列战略规划会议，讨论和制定组织未来3～5年的战略计划。战略规划会议的主要议题包括：关于组织的宗旨、任务和愿景的讨论，关于组织发展的中期目标的讨论，关于组织策略与行动方案的讨论，完成组织战略规划书。

第四，实施阶段，实施规划是战略管理的关键，但往往是最困难的，会面临许多意想不到的阻力。

第五，监督和评估阶段，通过定期监督和评估，确保战略管理的顺利贯彻。

3.2 课堂对话

3.2.1 战略规划的概念

师A： 今天我们这堂课主要讲战略规划，这是非常重要的内容。战略规划是战略管理的核心内容，也是非营利组织管理的核心职能之一。它主要是对非营利组织的宗旨、资源、活动和发展进行总体性的规划，涉及非营利组织制定和实施重大战略的一系列管理决策与行动。

师B： 一个好的非营利组织，通常也有成功的战略管理，对于未来3～5年的阶段性发展目标、战略性计划及其实施进行合理的规划。

师A： 战略规划是一个要动员全体成员参与的过程，实际上是动员、参与并形成共识度、凝聚力和公约数的过程。2014年全国政协主席俞正声在全国政协工作报告中特别强调这三个词：最大凝聚力、最大公约数、最大共识度。对于一个组织的战略规划来说，它最重要的是通过一系列活动的参与、互动和讨论，包括在规划过程中形成共识度、凝聚力和公约数。经过战略规划以后，无论是成立多久的组织，都将重新开始启动。因此，经常做战略规划的组织往往会不断提升，不断达到新的高度。

什么是战略管理

- 它是一系列决定机构长期绩效的管理决策和措施。
- 它包括（外部和内部）环境评估、战略制定、战略实施以及评估与控制。
- 参与和学习是战略管理的重要组成部分。要求机构成为学习型组织，即既有创造、获取和转化知识的能力，又能根据新的知识来调整行为的组织；并且各个层次的人都参与到战略管理的过程中来。

3.2.2　非营利组织战略规划中的“道”与“术”

师 A：对非营利组织来说，无论规模大小，到了一定阶段，一定会通过战略规划来形成共识度、凝聚力和公约数。比如之前我们去过恩派（NPI）的年会，3 天时间里举办讲座、讨论和互动活动，实际上就是一种战略规划的机制。这个过程不能简单把它定位在“术”的层面，我的理解是一个“道”与“术”之间的过程，因为战略管理涉及宗旨和使命。这是今天这堂课的核心要点，下面请王超老师从国际非营利组织的角度进行补充。

师 B：非常准确。从哲学上讲，形而上为“道”，形而下为“术”，这是两个不同层面的东西。“道”是关于机构的宗旨、使命和核心价值。如果你去看所有的非营利机构，它们都会讲自己的愿景和使命。如果没有，基本上可以肯定它不是一个良好的可持续发展的非营利机构。

愿景是一个梦想或理想，好的愿景是一幅非常清楚的图画。我可以举一些例子，你们印象中有没有一些机构对它们愿景的描述？商业机构也行。或者简单的一句广告语突然出现在你的脑海里？

生：微软公司有一个愿景描述：让每一张桌子和每一个家庭都摆着一台个人电脑（PC），并运行微软的软件。

师 B：从非营利机构的角度来看，这不是一个特别有冲击力的愿景。还有吗？

生：天下为公。

师 B：这是中山先生说的。我们可以来讨论一下，它是不是一个好的愿景，首先它是不是一个愿景？

恩派

恩派起步于2006年初，总部设于上海，它以“助力社会创新，培育公益人才”为使命，致力于发掘培育那些处于创业期的草根社会组织，在国内首创“公益孵化器”模式，至今已孵化培育了约200家优秀社会组织，并成功在全国多个大中城市推广复制，为超过1 000家民间公益机构提供了孵化或成长支持服务，培训公益人才近万人，为数千家公益机构筹措超过3亿元的运作资金，承担运营约60 000平方米的公益平台/社区服务中心，成为国内规模最大、服务最全、影响最广的支持性公益组织之一。如今，恩派不断以不同发展阶段的社会组织以及政府、企业等公益资源提供方的需求为导向，设计、引入、实践、推广各类平台型、支持性项目。截至2013年，恩派已发起/联合发起16家民办非企业单位、基金会和社会企业，并已形成以“注册独立、品牌共享、资源整合、业务互补”为特征的管理格局。随着各个业务和团队的成熟发展，“恩派”品牌正逐步回归并聚焦到培育和投资社会创业家和社会创新组织的工作上来，为建立和完善中国公益的基础设施而不懈努力。

愿景

- 关于可能性和所渴望的将来，它表现了乐观主义和希望。
- 可以清楚看到的希望和景象。
- 可以是永远也达不到的完美状态，但人们从未停止努力去达到这种状态。
- 愿景能产生“创造性张力”，成为战略和项目的原动力。
- 建立愿景对一个组织和项目来说十分重要，有助于组织和项目以此为基础制定战略计划，提供确立目标的一种参照标准。
- 建立愿景被视为制定战略计划和项目设计的一个组成部分。

生：我觉得不是，它是使命。

师B：是使命吗？“天下为公”是一个核心价值，绝对不是愿景，也不是使命。什么是一个好的愿景？

我举个特别简单的例子。有一位中年女性，她是一个非常著名的环保主义者，她在一些会议等公共场所十分活跃，甚至政府都对其进行过劝说，说你不能这样下去。

有一次记者去采访，问她是什么让她这么活跃、这么有力量、这么勇敢去做这些事情，反对这些事情？因为这需要很大的勇气。面对采访，她怎么也说不出来是为了什么，但是大家就是能感觉到有一个特别强烈的东西在支撑着她，驱使着她，用各种方式催化她。那这到底是什么呢？最后，她突然冒出一句话来，她说我希望看到一个绿色的地球，说完以后就号啕大哭。实际上这就是在她的心目中那种极具冲击力并且能够感召她的愿景。

我再举一个小型非营利机构的例子。这个机构在南亚的孟加拉国和印度等国家做生殖健康、母婴健康项目。现在请你们想象一下这个机构的愿景是什么？什么样的一幅愿景画面最富有感召力，能够让你为这个机构去奋斗？

生：母子平安。

师 B：这的确是一个，但没有足够的冲击力，你可以再想象一下。

生：微笑的妈妈抱着一个健康的宝宝。

师 B：这个是不错的愿景，包含着很多内容。这个机构的愿景是什么呢？就是母亲脸上的微笑。也就是说我们所做的所有事情，都是希望母亲脸上能够有微笑。这是一个很有冲击力的愿景。

再比如“建立一个没有贫困的世界”，这就不是一个好的愿景描述。一个愿景应该要有一些基础，为什么人会有这样的梦想？它跟使命有一定的关系。所以一个机构不仅要有愿景描述，还要有使命宣言。那么使命宣言是讲什么呢？

生：应该怎么做。

师 B：使命讲的是什么？

生：使命是目标吧。

师 B：还有吗？

生：责任。

生：志向。

生：行动。

生：信念。

生：价值观。

师 B：对，就是我们相信什么。还有吗？

生：方向。

师 B：对，这些都要记下来，还有一个特别重要的内容。

生：动力。

师 B：也对，但是还没有讲到根上。是什么让你有这样的责任，有这样的动力？

生：追求。

师 B：什么东西让你追求？

生：理想。

师 B：理想就是梦想，还是没有讲到一个很重要的内容。

生：自我实现。

师 B：有点接近了，就是你的使命由什么来决定？为什么会有这个使命？其实有一点特别重要，问问自己：我是谁？我因为有这样的身份，所以才有这些东西。比如刚才提到“母亲脸上的微笑”，在这个例子中，它要讲清楚我们的梦想是让母亲的脸上有幸福的微笑。接下来，还要讲清楚我们为什么有这个梦想，它是由什么来决定的，我们是一群什么样的人，我们相信什么，以及我们要做什么事情。这就是使命宣言了，它是一个非常有价值的东西，也就是王名老师刚才讲的“道”。

“道”是形而上的，那什么是形而上，什么是形而下？当一个人给你刺激的时候，你会有反应。比如我打你一下，你马上能感觉到疼，这是形而下的。形而上的是什么？当你接受到一个刺激时，你可以去做出判断。比如你可以判断他为什么打我一下？我应该做出什么反应？尽管他有侵犯性，但我可能会决定还是以笑脸相迎。为什么？因为我进入我的“道”里去了，我可能会想到自己做人要宽容、微笑待人，所以那时候的反应是有“道”的反应。

在我看来，刺激和反应之间有一道鸿沟，这道鸿沟是你的“道”，也就是你的价值、自由意志和理念。那么我们机构的“道”是什么呢？三个核心的内容是什么？

生：愿景。

生：使命。

师 B：还有核心价值。我以宣明会为例，它的愿景是使每一个孩子活出丰盛。这还没有完，然后是求每一颗心灵要矢志达成这样一个愿景。这有两层含义，我们不仅希望这个世界上孩子的生命都能得到比较公正的对待，同时希望这个世界上每一个人都可以为这样的目标去努力，这实际上已经反映了机构本身的特征。这个机构首先要服务那些生命不够丰盛或者缺乏关爱的儿童，同时它还要让世界上的人共享这个愿景，一起去实现它。这样它的业务就非常清楚了，一方面是直接帮助小孩；另一方面是让全世界的人都能够参与进来，去支持和帮助这些小孩，换句话说就是筹款。它还有一个很重要的价值，给予的人并不仅仅是为了每一颗心灵的矢志达成，还有个人需要的问题。这也是现在中国公益界存在的一个很大的问题，给钱的人往往被认为站在道德高地，比如某人给了多少钱，然后整个媒体都去报道；但是各位要记住，给钱或者说捐赠也是一种需要，而且可能是一个更重要的需要。

你们可以设想一下，假设我们非常想要帮助一个人，但这个人拒绝我们的帮助，我们会有怎么样的感觉？所以捐款和提供帮助本身也是一种需要。从这个层面来讲，给予其实可以满足给予者的需要，而不是给予者在施舍接受者，这是很重要的价值观。

这个机构还有几个很重要的核心价值，或者叫核心信念。第一，我们是一群以爱在经营的人；第二，我们是重视人的价值的群体；第三，我们是合作伙伴，不是自己做自己的事情，而是跟所有人都是合作伙伴；第四，我们是一群好的管家，就是说当你把钱拿到我这里来后，我会把它用出去，并且能把钱用好；第五，我们是一群能够迅速回应需要的人，比如自然灾害等。这些核心信念规定了宣明会是一家什么样的机构。

宣明会的英文名称是 World Vision，中文翻译其实没有将机构的重要核心内容体现出来。我们有中国梦，还有美国梦，宣明会是“世界的梦想”，是世界梦。它的梦想是希望孩子的生命比较丰盛，每一颗心灵矢志达成，而且每一个人都能参与进来。这些为什么那么重要？因为从愿景到使命，可以形成这个机构的战略规划。从技术角度来讲，这是战略管理的重要基础，如果没有愿景和使命，其实是没有战略的，即使规划出来一个战略，也是没有根的。

世界宣明会：我们的使命

我们运用爱心，致力成为社区学习与发展的催化者/协作者与伙伴。我们委身服侍陇川贫困社区及有需要的人群，特别是受到毒品危害与威胁的社区。我们关注和服务贫困社区的儿童的福祉。我们通过一系列综合发展项目，以参与式的发展方法，来达致社区能力提升与升华，从而实现社区的可持续发展。

师 A：就是说核心价值是联结“道”和“术”之间的一个线。宗旨和使命非常重要，但是抽象的、形而上的概念，表述起来尤其不容易。你们回去可以试试看，比如你们在县委班子里讨论你们县的宗旨和使命，用一句话表述是很难的，通常需要很长时间达成共识。现在很多企业也这么做，讨论企业的宗旨是什么，然后再把它表述出来。宗旨的表述是一个技术活，也是一个过程。这部分大家有没有什么问题？

生：赞同王名老师的想法，可以让每个省或每个城市提一个广告语，将它的宗旨和使命表述出来，对大家来说，这也是一个学习的过程。福建省曾经打过“海峡旅游——福建欢迎您”的广告语，但是海峡又不都是福建的，所以最后改成了“清新福建”。

师 A：这个很有意思，宗旨或者使命的形成需要一个集思广益的过程。如果仅仅是少数几个人商量好的，以后很快就会发现漏洞，因为它没有达成共识，所以集思广益的过程非常重要。一个机构讨论使命需要一个很长的过程，讨论会引起争论，也可能某一句话会突然冒出来，就像之前例子中讲到的，那位女士突然冒出一个“绿色地球”的话，这对一个组织来说非常重要。

我们回到刚才的战略规划上来，一个机构最好还是要有战略规划的过程。

使命与使命宣言

- 一个机构的使命就是其目的，是其存在的理由。
- 使命表明机构为社会提供什么。
- 一个好的使命陈述能够使机构明确其最基本的、独特的目的，并把它与其他机构区别开来。
- 它不但包括机构现在是什么，还说明机构想成为什么。
- 它既要促进员工建立共同愿景，还要树立机构的公众形象，与机构所处任务环境的各利益团体沟通。
- 使命陈述能反映机构是谁，在做什么。

师 B：那我们就讲一个比较经典的战略规划过程。其实所有的战略都始于愿景和使命，如果没有愿景和使命，就谈不上战略，因为使命会告诉我们几个重要的内容，表述起来就是：我们是谁？我们相信什么？我们为什么存在？或者我们想怎么样？我们要做什么？有了这些东西才能谈得上战术，然后再设计怎么做才能实现这些内容。当你对以上这些问题作出回答时，你就会告诉我们一个非常重要的信息，那就是你的战略意图。

3. 2. 3　战略规划的 SOWT 分析

师 B：作为一个机构，有了战略意图以后，你会想怎么样做？这个时候就开始进入技术的层面，就是所谓战略规划的层面。那么要做什么呢？我们首先需要进行环境扫描，就像扫描仪一样，怎么来扫呢？先扫外面，然后再扫自己，看看到底有什么优势，有什么弱点，有什么样的条件和资源，以及这些会给你带来哪些机遇和挑战。扫描自己的时候要看自己内部的优势和劣势，看环境的时候是要看机遇和挑战，或者说危险和风险（见图 3—1）。

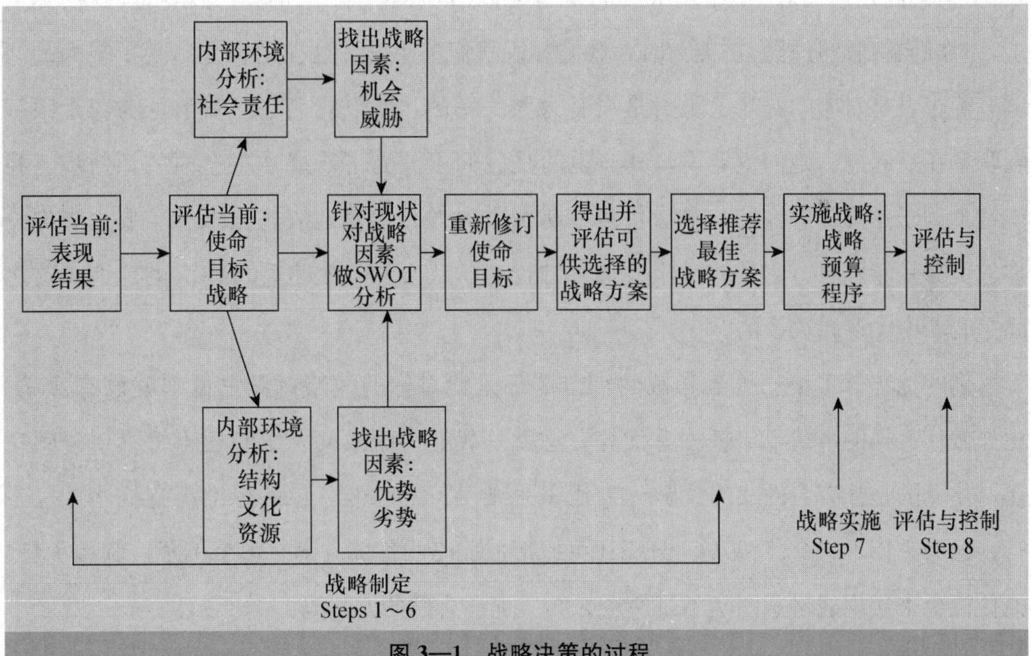

图 3—1　战略决策的过程

很多人都做 SWOT 分析，但绝大部分的 SWOT 分析都只是把一个表格填完，之后就把表格放在一边了，实际上并不按照规划的战略来行动。举一个简单的案例，比如我们是一群关注生育健康、生殖健康的人，我们的梦想是“母亲脸上的微笑”，我们希望通过努力来达到这个目的。那你怎么来做一个 SWOT 分析？

我们对 SWOT 本身的界定有一个问题，比如你对优势和劣势的理解不一样，这个时

SWOT 分析

SWOT（Strengths Weaknesses Opportunities Threats）分析法，又称态势分析法或优劣势分析法，用来确定组织自身的竞争优势（strengths）、竞争劣势（weaknesses）、机会（opportunities）和威胁（threats），从而将组织战略与组织内部资源、外部环境有机地结合起来。

候我们的战略思维撞到了逻辑思维，为什么会这样呢？因为我们通常的描述是不准确的。我问这位同学一下，你有什么优势？

生：我年轻。

师 B：举个例子，我觉得非常有意思。有一位老教授向几个年龄相仿的女同事打招呼："美女们，你们好！"那几个女同事听完以后，就回了一句："哪里呀，我们都老了。"你们看当他夸她们是美女时，她们却说我们都老了，这在逻辑上出现了很大的问题。美跟丑是对应的，老了跟美是没有太大关系的，所以我们在逻辑上认为美是跟年轻联系在一起的。她们说老了，其实说的是我们不漂亮了，这才跟上面的话对应。我举这个例子是要告诉你们，在讲优势和劣势的时候，准确地表述是多么重要。当你说你的优势是年轻时，它是针对什么来讲的优势？从愿景、战略到现在讲的意图，这之间是有严密的逻辑关系的。

你的优势、劣势、机会和威胁，全部都是针对你的战略意图，否则就没有意义。比如做什么样的事情，年轻才有优势？这就是我们讲的战略思维和逻辑思维要碰到一起，才真的是强有力的战略优势。当逻辑思维不行的时候，你的思维再有战略性也不行，因为它们不相交。SWOT 分析还可以形成战略的备选方案。举个例子，利用优势、抓住机会来实现战略意图是不是一个方案？那还有别的方案吗？

生：规避风险。

师 B：不对。你们可以去思考一下，利用劣势抓住机会，行不行？当劣势碰到威胁的时候又会是什么情形？比如我抵抗力特弱，又碰上了威胁，然后会怎么样？这是致命的危险。如果你本身最弱的一项，正好是外部环境对你来说最大的风险，你知道这个劣势就得回避它。那么，当这个威胁恰恰跟你的意图高度相关怎么办？你可以有两种方式，一种是进取型的，一种是保守型的。我可以克服这个劣势，增强我的抵抗力。

比如雾霾，我改变不了，但可以改变我自己。

从理论上讲，可以有以下几种战略方案，比如 SO（优势加机会），WO（劣势加机会），如果机会正好针对你的劣势，怎么办？有人利用机会弥补劣势，这是好的战略吗？我再强调一遍，要从战略意识的相关性来有针对性地思考（见图 3—2）。假设你的机构要做一个 WO 的战略，你的弱点恰恰跟那个机会对应，你可能要增强这方面的能力，克服弱点来实现意图。

	优势（S） 1. 2. 3. ⋮	劣势（W） 1. 2. 3. ⋮
机会（O） 1. 2. 3. ⋮	SO战略 1. 2. 3. ⋮	WO战略 1. 2. 3. ⋮
威胁（T） 1. 2. 3. ⋮	ST战略 1. 2. 3. ⋮	WT战略 1. 2. 3. ⋮

图 3—2　战略方案的生成

接下来，你们可以思考一下什么是 ST（优势加威胁）战略？SO（优势加机会）是最进取的，用自己最强的地方抓住问题的关键。ST（优势加威胁）战略是迎难而上，哪里有困难就往哪里去。发挥优势、规避风险是对的，但是你要知道，发挥所有的优势，与针对这个威胁的战略意图是比较弱的关系。从战略上讲，你是要规避风险，不要出问题。但是这些针对威胁的战略，通常是比较保守的、生存型的，就是把风险都给规避了，或是克服了。而针对机会的战略，通常都是比较进取的。

实际上分析完了以后，你就有了备选的战略方案，然后根据需要来做出选择，是选择一种进取型的方案，还是选择保守型的方案，还是选择一种组合，最后形成一个完整的方案，这整个就是战略规划的过程，也是比较经典的战略规划过程。

我现在来催化一下，当你们做环境扫描的时候，会包括内部扫描和外部扫描。准确地来讲，扫描和分析主要都是关于你的看法。从战略的角度有几种看法，往前看是什么？向后看是什么？往下是什么看法？向上是什么看法？还有向左和向右的看法。这些都是一般性的看法，没有战略性的意义。还有什么看法？

这是非常重要的战略思维，你可不可以看到一个更大的图景？我们要见树木，还要见森林。举个例子，比如你看到一块石头、一堆土、一条水沟，其实你还可以把石头掰开来看，这是用透视的眼光来看。SWOT 分析里面，有一点难度很大，那就是看自己劣势的时候，你没办法站在一个完全客观的位置去看，这导致在做自己的 SW（优势加劣势）分析的时候，非常具有挑战性。

实际上这整个下来，就是一个机构战略规划的过程。但是当这些战略做出来的时候，是不是真的有效？我讲一个非常有趣的故事来说明这个问题。欧洲有一个很重要的山峰叫阿尔卑斯山，有一队士兵进到山里面，突然下起了大雪，士兵迷路了，走不出来。然后指挥官就带着士兵努力寻找地图，没有地图就没有希望。突然一个士兵彼得发现自己的身上有张地图，然后就拿了出来，所有人就按照这个地图找路，最后终于走出去了。他们在庆功的时候，这个指挥官就说，幸亏彼得很厉害，他给我们保存了一张地图，要不然我们都会困在山里面，不是饿死就是冻死。最后，那个指挥官对提供地图的士兵说，你能给我再看一看那张地图吗？彼得把地图拿过来，然后指挥官仔细看了以后，就问士兵是不是搞错了，这不是阿尔卑斯山的地图，这是比利牛斯山的地图。实际的结果恰恰是这张地图让他们走出了阿尔卑斯山。现在你们可以想想这个地图的作用，地图就像我们的战略规划，用一个东西来指示我们去一步一步做什么。

这个问题留给你们，为什么一张错误的地图同样可以带领他们走出来？

师 A：这个问题很深刻。从愿景和使命，到意图，然后到环境扫描，最后形成战略，大家先把这个过程记住。我给大家布置一个作业，回去以后每个人以自己为例，认真地看一看你自己，思考一下你的愿景是什么？你的使命是什么？你的人生意图是什么？你不需要去跟别人讨论，仔细反问一下自己，然后你再到环境中间来，扫描一下你的外部环境，进而你再观察一下内在的环境。我觉得这个过程会非常有意思，用这个方法来做一些你自己的判断。最后你来思考一下，你的 SO、ST、WO 和 WT，然后把你想的每一个要点都记下来。

生：在用 SWOT 分析自我的时候，我对愿景、使命和意图之间的关系有点不清楚，一开始愿景带有意图吗？意图是不是也可以针对自己？

师 A：对，想一下在你人生的这个阶段你所追求的东西是什么，然后你要看你的外部环境，这个过程可以用刚才王超老师讲过的方法。但是还有一个反过来的过程，就是你扫描完以后，结果你发现全是劣势，你就得调整自己的意图了。因为在这个阶段，你需要对自己有一个定位，经过这样一个过程以后，你再去考虑你的战略规划。

SWOT 是一个组织进行战略规划的常规工具，我希望大家认真地去做这个作业，尝试用 SWOT 的分析方法来看自己。举个例子，比如对于你的人生规划来说，什么才是愿景？一个高中生要考清华，这是一个非常明确的意图。而愿景是“道”的层面，比如考清华是因为他要成为科学家。

师 B：这里面有两个概念，就是目的和手段，我们很多时候把手段当目的了。考清华就是手段，但是有人把它当目的，考清华为的是什么？那个才是目的。

生：为了一个美好前程？把这个叫作愿景，那么使命是什么呢？

师 A：刚才关于使命讲得很好：我们是谁，相信什么，想怎么做，就把“我”放进去了。在愿景当中，我还是我，它还是它。使命是把“我”放到里面去了，把“它”拉到我的思维体系里，跟我的行为、我的人生、我的活动关联起来。从愿景变成使命，一定是一个“它”和“我”相结合的过程。

生：我想有一个幸福的人生，我的使命是什么？

师 B：你是谁？你是一个什么样的人？你相信什么？你要先回答这些问题。

师 A：刚才你说每个人都想有一个幸福的人生，先要看我是谁。我来解释一下，我现在人到中年，人生已经走过了一半，我是一名大学教授，也是孩子的父亲，社会对我有很多的期待，但我的时间有限，所以我必须面对这些压力，必须去爱，这就是我是谁。我相信人性，相信全面深化改革，我还相信我们会有一个比现在更好的未来，这是信念。

师 B：太棒了！王名老师给我们做了一个很好的示范。

3.2.4　设计公益主题

师 A：这个大家课后可以去练习，我们还是回到非营利组织的战略规划上来。

生：我们是一个组织，可以把课堂内容结合起来。

师 B：太对了，我们可以在课上做这样的练习，先形成一个小组，每个小组形成你们的愿景，然后来讨论你们的使命，我们可以模拟这个过程。

生：我们来设计自己的非营利组织。

生：每人提一个愿景。

师 A：这个想法非常好，我们可以来提出几个大家有一定共识的愿景。我们分一下组试试看，先来提几个公益性的主题。

生：环境保护。

生：可不可以更具体一点？

生：雾霾的治理。

师 B：这是一个环保的主题，还有其他方面的主题吗？

生：留守儿童的教育。

生：空巢老人的照顾。

生：失独老人。

师 B：我强调一下，你们要瞄准和细分，对对象的细分非常重要，通常非常优秀的NGO是瞄准社会里面一个非常窄而十分迫切的需求，失独家庭这个主题就特别好。还有什么？

生：失足青少年、罕见病。

师 B：很好，还有吗？

生：服刑人员的子女。

师 B：很好，这个瞄准也是带有非常强烈的价值取向。还有吗？

生：自闭症儿童。

师 B：这个主题也很好，国外已经形成了很多很优秀的机构。

生：残疾人就业。

师 B：这也是一个瞄准得非常具体的问题，现在各组的主题已经够了。

师 A：我们来对这些主题进行投票。留守儿童 9 票，空巢老人 9 票，失独家庭 8 票，残疾人就业 8 票，雾霾治理 6 票。

师 B：你们将这个主题看成一个新成立机构的核心文本来思考，这是一个非常好的练习，你可以建立一个机构，可以给它取个名字，还可以设计一个 logo，但是一定要是一个团队的工作。

师 A：赶紧分一下组，然后你们讨论一下，确定下来的愿景可以是组织的名称。

师 B：现在主要的问题是公益主题和关于它的战略思考，可以有很多的形式。我有个建议，课堂里讨论的问题将来可以变成你们实践的案例，比如成立一个新的机构，而且还可以有更大的创造性空间，你们可以在议题上创新，也可以在项目上创新，还可以在组织结构上创新。

师 A：今天的课就到这里。顺便推荐王超老师的一本书，叫《战略规划》①。从今天开始，我们不仅学习，也具体来做战略规划，这是一个很好的开始。我们下次课继续，谢谢大家！

复习思考题 »

1. 你所在的机构有愿景描述和使命宣言吗？如果有，是什么？如果没有，你觉得应该是怎样的？

2. 课堂中讲的故事，士兵虽然提供了错误的地图，却让部队真的走出了阿尔卑斯山的困境，这是为什么？非营利组织的“地图”是什么，你怎么看待“地图”的作用？

3. 你的个人愿景是什么？你个人的使命是什么？

本章参考文献 »

Michael Allison，Jude Kaye. 非营利组织的策略规划：实务指南与工作手册. 台北：喜马拉雅研究发展基金会，2001

Sharon M. Oster. 非营利组织策略管理. 台北：洪叶文化事业有限公司，2001

黄浩明编著. 非营利组织战略管理. 北京：中国人民大学出版社，2003

萧新煌，官有垣，陆宛苹主编. 非营利部门：组织与运作. 台北：巨流图书股份有

① 参见王超、丁艳：《战略规划——一个项目团队的学习历程》，北京，商务印书馆，2009。

限公司，2009

［美］弗雷德·R·戴维. 战略管理. 北京：经济科学出版社，2001

［美］保罗·C·纳德，罗伯特·W·巴可夫. 公共和第三部门组织的战略管理：领导手册. 北京：中国人民大学出版社，2001

王超主编. 项目决策与管理. 北京：中国对外经济贸易出版社，1999

王超，丁艳. 战略规划——一个项目团队的学习历程. 北京：商务印书馆，2011

陈思堂. 参与式发展与扶贫——云南永胜县的实践. 北京：商务印书馆，2012

［美］彼得·德鲁克. 非营利机构的经营之道. 台北：远流出版事业股份有限公司，1996

［美］彼得·圣吉. 第五项修炼——学习型组织的艺术与实践（新世纪最新扩充修订版）. 北京：中信出版社，2009

第4章 非营利组织的人力资源管理和志愿者管理

4.1 基本原理

人力资源管理和志愿者管理是非营利组织管理的两个重要环节，都涉及非营利组织的人才问题。在本课的教学安排中，我们将人力资源和志愿者放在一起，突出强调非营利组织人的管理。人力资源管理通常涉及的是员工和人才队伍建设问题，非营利组织和企业一样，也有人力资源管理的一般问题；志愿者管理是非营利组织特有的人力资源管理，主要涉及如何广泛动员志愿者参与非营利组织开展的各种活动并建立有效协调管理的问题。两者构成非营利组织人的管理的重要内容。

4.1.1 非营利组织的人力资源和志愿者概述

非营利组织和企业一样，也有固定员工。但非营利组织具有较高的理想性，其员工带着自己的价值观和理念进入组织，对组织和主管有着比对企业更高的期待，这使非营利组织的人力资源管理显得更为复杂。

非营利组织人力资源管理的目标是：吸引、招募合适的潜在员工；激励员工；留住所需的员工；提高组织效率，改进工作质量；帮助员工在组织内发展。特别是，以人为本的人力资源管理要求把人视为核心资源，非营利组织要把帮助员工在组织内发展作为人力资源管理的重要目标，以激励其发挥潜能。

人力资源管理的长远目标在于：一是为组织生存提供保障；二是保证组织的可持续发展；三是提高组织的竞争力；四是保证组织具有更强的适应性。

非营利组织的管理层通常有三种职位和角色：秘书长、部门主管、项目主管。

管理层的主要职能包括五个方面：一是计划；二是组织；三是识人善用；四是引导；五是控制。

和企业不同，非营利组织人的资源中包括志愿者。志愿者是基于志愿精神来到非营利组织并参与其各种活动的特殊人力资源。非营利组织的志愿者通常分为管理型志愿者、日常型志愿者和项目型志愿者。

4.1.2 非营利组织人力资源管理的主要内容

非营利组织的人力资源管理始于员工的录用。绩效评估是人力资源管理的关键环节。授权是非营利组织人力资源管理的一种重要机制。

1. 员工录用

员工录用包括四个主要环节：人力资源规划、工作分析、招聘、录用。

人力资源规划是录用员工的基础，人力资源规划是指根据组织的宗旨和近期战略目标，科学地预测组织在未来环境变化中人力资源供给与需求的状况，制定必要的人力资源获取、利用、保持和开发策略，确保组织对人力资源在数量上和质量上的需求，使组织和个人的长远利益得到保证。制定人力资源规划，需要经过信息收集、人力资源需求/供应预测、制定单项业务规划等步骤。

工作分析是指对组织中某个特定工作职务的目的、任务或职责、权力、隶属关系、工作条件、任职资格等各种相关信息进行收集与分析，以便对该职务的工作做出明确的规定，并确定任职者资格的过程。工作分析是招人的前提，只有明确了组织的需要才能决定录用什么样的人。

招聘是实现组织目标的战略过程。通过招聘，组织将那些符合本组织宗旨和文化，并能在本组织中施展才华从而获得成功的人吸引进来。招聘应坚持公开、公平、公正原则。招聘的渠道包括组织外部和组织内部。

录用程序一般包括：签订合同、上岗培训、试用期、正式任用。

2．绩效评估

绩效评估是指收集、分析、评价和传递有关员工在其工作岗位上的工作行为表现和工作结果方面的信息情况的过程，即对员工在一定时期内对组织的贡献做出评价的过程。非营利组织的绩效评估包括三个层面：员工的绩效评估、项目主管和部门主管的绩效评估、秘书长和组织运作的绩效评估。绩效评估的考核者包括：（1）上级领导，如员工的绩效评估由主管来主持，主管的绩效评估由秘书长来执行，而秘书长的绩效评估以及整个组织运作的绩效评估，则应由理事会来负责；（2）同级（同事）；（3）下级；（4）本人；（5）受益者，即组织提供服务的消费者；（6）专设的绩效评估小组；等等。

传统的绩效评估包括三个方面的内容：工作态度（德）、工作能力（能）和工作成效（绩）。

评估可以参考企业人力资源管理中的绩效评估方法：评级量表法、个体排序法、配对比较法、基准人物比较法、关键事件记录评价法、强制分布法、行为锚定等级评级法。

3．授权

一个好的管理者要懂得授权。授权是对管理者的挑战。授权将在组织内部形成良性的互信和互动，有利于组织的治理，同时促进组织的成长，也带动组织中个人的成长。授权原则如下：第一，让授权成为绩效评估的内容之一；第二，让授权与责任同步；第三，授权允许出错，同时要宽容公正；第四，不允许越权报告，也不要越权承诺；第五，授权要基于掌握员工的个性差别；第六，把握授权时机；第七，谨慎授权。

4．报酬与激励机制

非营利组织人力资源管理中的“报酬”包括工资、福利和其他。与企业不同的是，非营利组织应更重视员工的精神激励。非营利组织的报酬要考虑公平性、外部平等性、竞争性、激励性、经济性、精神性等。

作为非营利组织，要发展壮大必须吸引越来越多的优秀人才，要较长时间地留住精英就要有较好的报酬水平。应提倡“以薪养业”、“以薪养德”。

非营利组织的报酬制度受外在因素和内在因素的影响。外在因素包括：劳动力市场的供求关系和竞争状况、地区和行业特点与惯例、当地生活水平、国家的法令与法规等；内在因素包括：本组织宗旨、活动领域和性质，组织运作和财务状况，组织的文化和管理哲学等。

除报酬外，非营利组织有特色的激励因素在于非金钱、非物质的精神激励，主要包括五个要素：社会贡献度、成就感及得到肯定的程度、工作本身的价值、责任感、个人成长与进步的机会。

建设良好的组织氛围和文化也是激励机制中不可或缺的部分。组织内部的互信、互动、互助和经常的沟通，以及民主、透明、公正的管理政策，是激发员工士气、形成团队精神的重要条件。

5. 培训与管理人员开发

培训是非营利组织适应环境变化、提升员工素质、开展能力建设的重要环节，也是人力资源管理的核心内容之一。培训指给员工传授其完成本职工作所必需的知识、技能、能力和态度。对员工进行培训的主要目的有两个：一是向员工传授技能；二是强化组织宗旨并塑造组织文化。“培训”与“管理人员开发”使用的技术和步骤大致相同，但前者重在提供员工完成当前工作所必需的知识、技能等，而后者重在为适应未来工作对员工提出更高的要求而进行的一项人力资源投资活动。培训包括四个基本步骤：培训需求评估；设定培训目标及计划；开展培训；对培训进行评价。非营利组织的培训大体分为四种形式：新员工的上岗培训、在职员工的组织内培训、外派培训、员工终身教育。

6. 员工职业生涯规划

职业生涯规划，指员工通过一定的方式和途径，对自己的职业生涯进行规划，以实现所选定的职业目标的过程。非营利组织应帮助员工进行职业生涯规划，提供员工制定职业生涯规划所需的职业规划模型、信息、条件和指导；引导员工的规划与组织的宗旨密切结合，并与组织的总体战略相一致；为员工和管理者提供建立职业生涯规划所需要的培训和相应的工具。

4.1.3　志愿者管理

志愿者管理鲜明地体现了非营利组织的特殊性，是非营利组织所特有的人力资源管理。志愿精神是一种利他主义和慈善主义的精神。志愿者是志愿精神的实践者。志愿服务包括有组织的志愿服务和非组织的志愿服务两种形式。志愿服务的界定是一个复杂的问题，通常使用报酬、收费和自愿性来界定。

非营利组织的志愿者可分为管理型志愿者、日常型志愿者和项目型志愿者。志愿者和普通员工一样享有一定的权利并要履行一定的义务，他们是“不发工资的员工”。

志愿者管理的主要原则和程序：第一，招募前的准备；第二，志愿者的定位；第三，平等承诺；第四，公开招募、择优录用；第五，教育和培训；第六，指导和协助；第七，及时记录；第八，鼓励和重用；第九，提供必要的经费；第十，绩效评估。

志愿项目的设计，需回答四个问题：（1）需要设计和创造什么样的志愿工作机会和如何确定志愿者的责任？（2）志愿机构根据这些如何向志愿者解释和指导工作？（3）志愿者的招募类型是什么？（4）评估志愿者的依据是什么？

招募志愿者通常有两种方式：一是一般招募。主要是招募岗位要求简单、技术性不强的志愿者。二是目标招募。这种志愿者需要一定的技能，不是所有人都可以胜任的。

志愿者的日常管理主要有三个方面：志愿者管理模式、志愿管理者和志愿活动流程。

各国在开展志愿服务的计量方面，无论采用什么样的指标，其基本方法还是由非营利部门采用抽样的方法完成的，结果都比较粗略。另外，在实践中，大量的志愿活动并没有得到必要的计量，也没有得到有效的评估和管理。

4.2　课堂对话

4.2.1　非营利组织人力资源的优势与劣势

师 A： 今天我和王超老师主要和大家谈谈非营利组织的人力资源管理。首先，请王超老师和大家做一次脑力激荡。

师B：好的，请大家想象一下你们现在已经是一个非营利机构的领导者，然后我们要做一个关于人力资源的内部扫描，说出你所在机构人力资源方面的优势和劣势，并把它推及整个非营利机构领域，看看NGO领域在人力资源方面都有哪些优势、劣势。现在开始，大家先来说说自己所在的机构有什么优势？

生：没有体制限制。

师B：请用语言具体描述一下，这是什么样的优势？

生：机制灵活。

师B：什么样的机制灵活？

生：没有门槛的限制。

师B：这时候已经开始说到人力资源方面了，如果你觉得我们的非营利机构人力资源的优势是没有体制的限制，那没有束缚的优势是什么？

生：有一个共同的使命，心往一处使。

师B：这就是说非营利机构更多是由使命来主导，若从人力资源的角度来讲，这个现象背后的逻辑是怎样的？比如员工一定要积极、主动？

生：有凝聚力。

师B：这个在逻辑上对不对？这算不算是一个优势？还有什么优势呢？

生：大家目标比较一致，是志同道合的一群人。

师B：如果要讲非营利组织人力资源的优势，就是进来的人一定都是使命驱使的，能共享组织的使命和愿景。换句话说，有志同道合的优势。

师B：那么非营利机构在人力资源方面有哪些不足，或是有哪些劣势？

生：薪酬不太吸引人。

生：约束力比较弱。

生：专业人士不够多。

师B：因为有爱心的人不一定是专业人士。还有吗？

生：接受培训或者再教育的机会比较少。

师B：为什么？因为资金不够？还是非营利组织就没有相关的培训？

生：没人组织，或是机会少。

生：时间和精力无法保证。

生：没有行政权力，调动资源的能力不够。

生：不像科层制机构那样有严密的制度规范，非营利组织不好管理。

师 B：因为它的架构是比较扁平、网络型的，所以它不那么容易控制。

生：工作人员的流动性比较大。

师 B：这些都是一些弱势，可是你们需要把它描述完整，还要跟所讲的话题关联起来。另外一个问题，对于非营利机构来讲，它所处的外部环境跟人力资源相关的机会有哪些？威胁又有哪些？

生：机会不是太多。

生：有的人借着公益做损害公益的事。

师 B：有动机不纯的人。还有吗？

生：在人才市场上的竞争力不强。

师 B：在人才市场上不像公务员、外企一样受欢迎，甚至还不如一般的企业，也就是你很难招聘到专业的、高水平的、有竞争力的人才，这是一个很大的威胁。在人才市场上，作为招聘方的非营利机构没有太强的竞争力。如果有一个公务员职位、外企职位或雾霾治理中心职位让你们来选择，那你们一般会选什么？

生：外企。

师 B：你会发现一个很大的问题，非营利机构内部的劣势、弱势，跟我们外部环境所受的威胁刚好对应。我们缺乏人才，尤其是没有充足的专业人才，也没有很好的人才管理机制，这些劣势与外部环境对我们的威胁恰好对应。劣势和威胁组合在一起（WT），恰恰体现出人力资源上的问题，对非营利机构而言意味着致命的弱点、软肋，如同古希腊神话中的阿喀琉斯之踵①。

在中国尤其如此，很多人认为非营利领域不是一个像样的行业，也没有专业人员，但是在人才市场上恰恰又有这方面的人才招聘需求，这其实是一个 WT 的经典案例。因此作为非营利组织的领导者，你需要去面对人力资源管理方面的问题，而且这是你发展战略里非常重要的一块，值得你去重视。也就是说，如果你

---

① 阿喀琉斯之踵，原指阿喀琉斯的脚跟，因是其唯一一个没有浸泡到神水的地方，代表他唯一的弱点。后来在特洛伊战争中，阿喀琉斯因脚跟被人射中而丧命。现在一般指致命的弱点、要害。

发现你内部的劣势刚好跟这个环境里面的威胁相对应，就一定要把它放进你的战略里去考虑。

4.2.2 非营利组织员工的价值需求

生： 王超老师能不能跟我们分享一下您的切身体会？作为一个海外留学的博士，毕业之后有很多选择，比如进政府机关、大学院校，或者大企业，那么最后选择到非营利组织工作，而且在NGO领域一直干了快20年，并且还干得很好，能不能从人力资源配置角度，给我们谈一谈体会？

师B： 我一直在享受这个过程。有人说NGO或者公益领域是一条不归路，意思是说你进来之后，很难回头。我觉得这要看你怎么理解。有人的看法比较负面和悲观，就好像是上了这条船，就再也跳不下去了；也有人是这样理解的，如果你从事NGO领域的工作，以后再转到其他行业的时候比较困难。但是，当你真的是由使命驱使时，你会发现，当你走这条路的时候，收获也挺多的，所以关键是你怎么看待你所从事的公益事业。我从来不认为做公益就是简单的付出，这是个错误的观念，我一直认为做公益你会得到更多。我是这么看的，所以我一直做下来了。

师A： 我也赞同王超老师的看法。非营利组织所开发的是人类的另一种需求——精神需求。它满足了人类精神层面的需求，很多来非营利组织工作的人并不是为了钱。人的需求其实有不同的层次，往往还有一些内在价值需求没有被开发出来。当他面对弱势群体的时候，一直没有找到的内在需求就可能被激活，这跟企业的人力资源开发有所不同（见图4—1）。

经济学上有一个稀缺性原理。比如对于一些知名的医师，即使再高的薪酬对他们也没有吸引力。但是，他们很少有机会去边远地方为穷人服务，到边远地方为穷人服务对他们来说是一种非常稀缺的机会。稀缺机会的价值往往很高，而且通过这种机会获得的收益不是用金钱能够衡量的。这不仅是荣誉的问题，也有个人的提升；不仅有精神上的震撼，还有今生难以忘怀的体验。我接触过很多日本非营利组织的人，他们愿意去发展中国家，就是要有这样一种工作体验。对他们个人来说，这就是一种重要的人生财富。

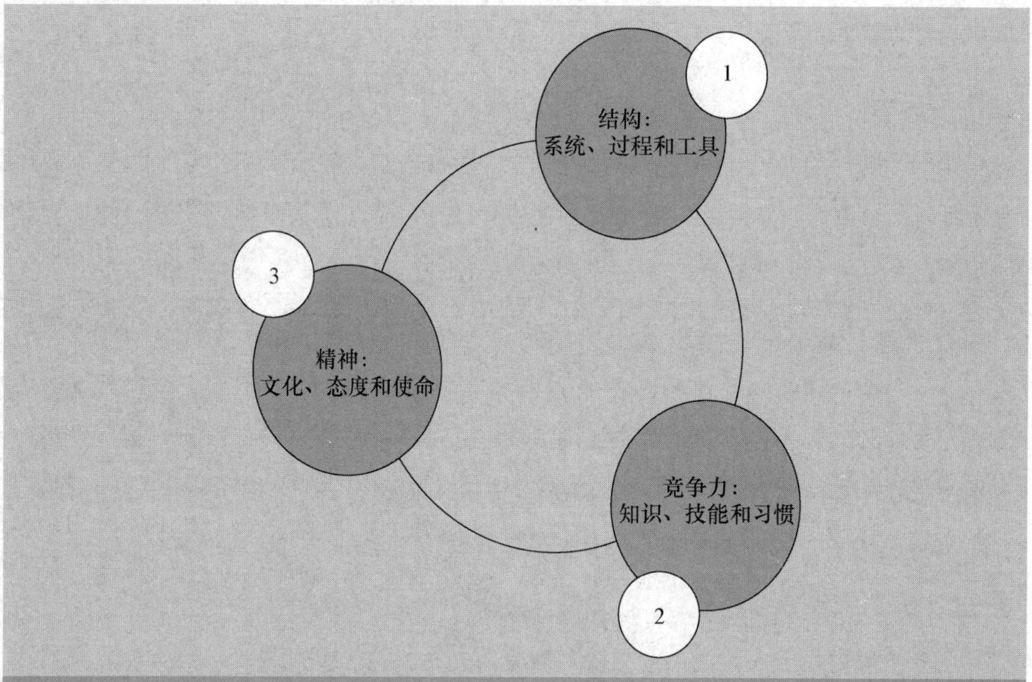

图 4—1　非营利组织的人力资源发展

4.2.3　非营利组织的人力资源战略

师 B： 那么非营利组织怎么才能在人力资源方面得到提升呢？这就需要制定机构的人力资源战略，规划如何克服弱势，规避人才市场上竞争能力不足的问题。

师 A： 刚才王超老师从机构内部和外部两个方面，来讨论非营利组织的人力资源，那么解决它的出路也要从两个方面入手，一个是组织本身，要形成非营利组织内在的一种动力机制；另一个是形成与组织外部人力资源供给相对应的人力资源战略。

宣明会在云南省永胜县有个项目，我去那里考察的时候发现，项目办公室里有好几个人来自香港，硕士毕业以后就一直待在永胜。在外人看来，永胜的交通和生活非常不便。有一个已经在那里待了 10 年的小伙子，我问他是靠什么坚持下来的，他说，每天你都会发现，你的工作可以改变一些人的命运，他们的命运发生改变了，你的工作是有价值的。其实，这样的例子还是挺多的。

世界宣明会及其在中国永胜的项目

世界宣明会是一个国际性救援及发展机构，其宗旨是以爱心服务贫苦及有需要的人们，与他们一起面对贫穷和灾难，合力克服困境，使其走上康庄之路。

世界宣明会于1950年创立，起源于对一个孤苦女孩的爱心，有感于战争孤儿的遭遇而创立，因此，宣明会特别关心儿童的处境与福乐，着重帮助孤儿及有特殊需要的孩子，并且关注女童教育、性别平等和环境保护问题。

如今它已是一个以儿童为重点的紧急性援助和持续性的、全球性的社区发展组织。它在北美、欧洲、远东12个国家设有筹资机构，以支持其在约100个国家或地区进行的4 500多个活动项目。目前其全球总部设在美国加州蒙诺维亚，国际联络处设在瑞士日内瓦。改革开放后，世界宣明会于1982年在青海水灾时开展救援活动，1986年在山东沂水县开展首个农村社区发展项目。自20世纪90年代初起，开始在全国范围内开展救灾和灾后重建、助孤以及扶贫等工作。

在众多的扶贫项目点中，宣明会永胜项目被许多人认为是较成功的案例。宣明会与云南永胜县政府的合作非常独特，即宣明会出人力、财力与政府专门设立的正式编制人员共同办公。这样的好处在于，互相处于对方的影响之下，彼此都可以借助对方的力量实现自己的目标，达到当地政府和宣明会双方官员在体制框架内利用非正式资源推动当地扶贫事业的效果。

不过，我的一个学生从那里离开了，不是因为薪酬不高，也不是因为条件太艰苦，而是因为他个人的使命发生了改变。所以一方面非营利组织的关键是它所创造的东西能够吸引人，它确实能给你一个实现人生价值、使命和愿景的机会；另一方面，非营利机构必须有非常完善的人力资源管理系统。我们去香港考察的时候，走访的14家非营利组织薪酬都不是问题，它们的工资与香港公务员持平，已经形成了良性的人力资源格局。

换句话说，除了内部的愿景和使命，还必须具备有利于优秀人才进入非营利组织的人力资源战略，比如专业保障和职业保障，包括社会保障方面的支持。最近有关政府部门也在做这方面的努力，比如在职业培训、社会保障、推进大学生就业方面制定和出台一系列的具体措施，做出人才职业化方面的制度安排。

我们目前有了社会工作师这个职业，很多不同层次的社工师进入非营利组织。国家还会增加两个新的职业序列——会员管理师和劝募师，这是专门为非营利组织设计的职业。未来两年我们还考虑进一步推进相关的职业序列，包括非营利组织的管理师和项目管理师等。通过这样一个制度设计，推动更多的专业人才进入非营利组织。现在每年大学毕业生的数量很多，那么民政部、人社部等部委也在考虑，能不能推动一部分人进入非营利组织就业，所以现在政府出台相关的政策，鼓励一些优秀人才进入非营利组织工作。

生：请问现在中国的非营利组织靠什么来吸引人才？

师 A：能不能吸引和留住优秀人才，对每个非营利组织来说都是一个很大的挑战。就中国内地的非营利组织来说，在薪酬方面采取有效措施的还是属于少数。我们以前基本上是一种低薪酬的人才机制，甚至采取主要靠志愿服务来吸引人才的战略。目前，参与政府购买服务类的非营利组织的状况要好一些。有一些历史比较久的非营利组织，特别是公益类组织，当上一代人退出的时候，这个机构也就到了退出的时候了，而且由于缺乏外部环境的有力支持，现在整个中国的非营利组织在人力资源方面面临很大的困境。总体而言，薪酬偏低、劳动强度偏大、专业性不强、人才流失比较严重等是较为普遍的问题，所以我们现在呼吁非营利组织要适当采取一些措施提高薪酬。

非营利组织依靠低薪酬、低保障，是留不住优秀人才的，所以我们要讲“以薪养业”、“以薪养德”。如果年轻人进入公益领域工作，但是又缺乏必要的保障，那么结果是他们没有办法坚持下去。因为每个人都要养家，如果没有物质方面的保障作为支持，人们最后只能辞掉这份工作，所以非营利组织不能永远只靠使命驱使，还必须有相应的保障性措施，提供体面的薪酬、医疗保险等社会保障，只有这些措施跟上来，我们才能吸引和留住优秀人才。

师 B：在非营利组织里工作的人应该有一份体面的薪酬，可以生活得有尊严，但不要有发大财的想法。当你来定位你所在机构的价值和薪酬时，如果定位太高，就会发现有些人是为钱来工作的；如果定位太低，就说明这个机构不懂得尊重人的价值、善待自己的员工。这里面有一个基本的价值标杆。

有段时间全世界都吵着要公开很多大型非营利组织高管的工资。的确有的高管薪酬比较高，但是你得想一想，作为管理一家全球 5 万人的机构领导者，他原本是一个全球五百强机构的 CEO，当他转到 NGO 领域工作并领取低薪，你们觉得是否恰当？我觉得不应该因为一个人是做扶贫工作，就一定要先把他变成一个穷人，这是个错误观念。

4.2.4 非营利组织的志愿者战略

师 A：下面我们来专门谈一谈非营利组织的志愿者管理。使用志愿者是很深的一门学问，让志愿者有尊严、体面地生活，这是基本的要求。让他有尊严，你得尊重他，因为他是带着实现一种使命、志愿服务的精神参与进来的，所以非营利组织一定要做好志愿者管理方面的准备。

非营利组织可以开发人类的精神需求。现在很多企业愿意动员他们的员工到贫困地区去开展一些志愿服务，不是因为他们有太多的钱和时间，也不能把它简单地理解成一种员工教育，而是因为员工去了以后有了改变，员工自己内在的一种需求被召唤出来了。我知道很多员工去了以后，就离职去做了志愿者，这对企业来说是很不划算的事情。但是对员工个人来说，当他在面对弱势群体时，他感受到的是一种内心的价值，可能一辈子没有找到的内在需求被激活了。

国际志愿者组织

国际志愿者组织是联合国系统内一个独特的机构，是联合国系统内最大的直接向发展中国家输送各种行业高、中级专业技术志愿人员的组织，负责管理与国际志愿者事业相关的各类事务。1970 年，由联合国大会通过决议，组建“联合国志愿人员”（UNV）（组织）。该组织从属于联合国开发计划署，总部原设在瑞士日内瓦，1996 年 7 月移往德国的波恩。联合国志愿人员组织的宗旨是向发展中国家提供积极有效的援助，以支持全人类的可持续发展。该组织鼓励志愿者为本国和国际间的和平发展尽其所能，努力促进国家经济与社会进步并使之得到持续发展。

就一个非营利组织来说，不仅要点燃或者唤醒个人内在的精神需要，更重要的是能够创造条件，让人们去实现这样的内在价值，而且这个过程能够可持续，这是一件非常困难的事情。你让他奉献一天，甚至是一年，这样的短期奉献是可以做到的，但是一辈子去奉献是很难做到的，因为相应的保障和支持条件没有跟上。我们现在很多的非营利组织，缺乏一些基本的人力资源保障措施，包括合理的薪酬、医疗保险等社会保障方面的配套支持，因此短期的志愿服务往往比较容易做到。国外也有很多短期的志愿服务制度，比如日本的青年海外协力队，时间就是一年，但我们国家对志愿服务的期待往往是越长越好，这其实太难了。因此，需要有一系列的配套建设跟上来，这样才能让我们的志愿者长期提供服务，而不是靠一个人一时的热心艰难地维持。

日本青年海外协力队

根据日本政府向发展中国家和地区派遣志愿人员的计划，日本青年海外协力队（JOVC）于 1965 年创立。1974 年，实施日本政府开发援助计划的日本国际协力事业团（现在的“日本国际协力机构”）成立后，青年海外协力队、年长志愿者成为其重要的组成部分。青年海外协力队的工作，是依据日本与各发展中国家和地区就派遣青年海外协力队员事宜所签订的政府间协定而进行的，旨在通过支援这些发展中国家和地区的社会、经济、文化建设，与接受国人民融为一体，为当地的发展以及两国人民之间的相互理解无私地奉献自己的力量。青年海外协力队的座右铭是“三同主义”：同生活、同工作、同思考。

师 B：下面我以无国界医生为案例，来讲如何制定非营利组织的人力资源及志愿者战略。无国界医生是一个非常经典的案例，它主要让那些专业的医生，特别是让医术非常高明的医生去做志愿服务。

很多非常专业的医生富有爱心，也想奉献爱心，但是又不可能离开所在的机构，去做长期的全职医生，因为他们也要养家，也需要一份与职业相匹配的收入，怎么办呢？于是，他们就到无国界医生报名，希望能做 3 个月的志愿服务。一般医生每 7 年都有半年的休假，比如大学的医学教授、临床医生每年或者是每几年都有休假，他们报名在休假期间去做志愿服务。他们也愿意被派到穷困的地方，有时甚至是战争环境里去帮助当地的穷人，并且不要经济回报。

无国界医生采用的就是这种模式，这里面包含了人力资源的哪些因素呢？你想一想，特别是对那些高级医生来说，要想免费或低收费使用他们的服务一般是非常难做到的，但无国界医生却能使用这些医生的服务，去做一个不要钱或者收费很低的扶贫项目。这是一个经典的案例，就是能让非常高级的、专业的人才到一个非常艰苦甚至非常危险的环境里从事志愿工作。我原来的上司是整个东南亚一带脑外科的“第一把刀”，他却为无国界医生的事业贡献了十年。从战略的角度来讲，它是怎么实现的呢？如何实现人力资源的重组，把那些高精尖的人才放到一个基本上不给钱而且又最艰苦，甚至危险的环境里去做事？

生：价值驱动。

师 B：对，医生是受价值驱动，但是从人力资源战略的角度，它如何使用和管理志愿者呢？

生：对一个医生来讲，参加这个组织对他来讲是一个很高的荣誉。

师 B：荣誉是一个方面，加入无国界医生的门槛的确很高，只有那些非常专业、非常成功的医生才可以。我把这个案例抛给你们回去思考，无国界医生的模式对中国非营利机构的人力资源管理会有很大启发。你们可以设想，如果一个医疗方面的非营利组织去招聘一些高水平的医生，或是让这些医生加入专门在贫困或危险地方从事医疗服务的组织，你们觉得可能性有多大？但是他们的确做到了，那些医生都希望加入这个组织，这意味着什么？这说明它有一个非常高明的人力资源和志愿者管理方面的战略思考。

4.2.5 非营利组织人力资源的授权

师 A：人力资源中一个很重要的问题就是“授权”。从一个非营利组织管理者的角度，如何有效地建立一个有效的授权系统，有效地让不同层级和不同系统都能发挥作用，而不是把权力集中在一个人身上，是一个值得研究的问题。

师 B：我们在讲领导力时也会提到“授权”，一般有两方面的原因：一方面，从人力资源发展的角度来讲，你应该让不同层级的人有机会去实践“管理”和“领导”，让他们发挥自己的潜能；另一方面，从领导者的角度来讲也只有学会授权，才能让自己腾出精力和注意力，在一些更高的战略层面发挥有效的领导力。

从人力资源开发的角度来看，一个成熟的机构通常会建立一个包括不同层次的梯队型的“接替计划”，在每个位置上都有相应的人可以接替，这样每个人才可以成长，要不然他一直在同一个地方，就算做得再优秀，也没有机会成长，这也是他事业发展的路径。所以授权是基于非营利组织有一个比较系统的人力资源开发的战略思考。

在非营利机构的管理中，有两种不同意义的“授权”，一种叫充权（empowerment），它实际上是让不同层级的领导者、管理者和员工在决策过程中有更多的参与和作用；还有一种是委托（delegation），领导者可以把附加价值比较小的，或者战略意义不大的工作委托下去。这种方式对领导者来讲，可以更多地聚焦到一些更有战略意义方面的工作，同时这对下面的员工又是一种成长的机会。当我们讲授权的时候，要区分这样两种不同意义上的授权。

师 A：这两个概念非常有意思，我们通常讲的授权是你讲的第二种意义上的授权，就是把一些工作按它的性质、重要性进行排列，然后把一些底层的工作尽可能地委托出去。你刚才讲的第一种授权（充权）很有意思，我们以前讲的充权通常是针对社会而言，其实对于一个组织的不同层级都有一个充权的概念。

师 B：从上这门课以来，我们一直都在强调愿景和使命的共享。实际上，如果你相信充权、相信参与，这个组织本身就应该有充权和参与的实践，团队成员如何去共享这些愿景和使命，如何达到最为广泛而深入的参与？这些都跟充权有关。在非营利组织的文化建设里，充权的文化和参与的文化都挺重要，因为大家不是为了一份工资而来，很多时候是带着一份使命和梦想而来，所以这种高度的参与对机构的人力资源层面有着很大的意义。一些比较成功或成熟的非营利机构通常是充权和参与度都很高的机构。

师 A：这突破了以往所讲的人力资源管理的概念，在一定意义上充权的概念是非营利组织，或者说是愿景驱动型组织所特有的。

师 B：稍微扩展一些来讲，非营利组织在做人力资源开发和培训时，很多都已经改用“领导力的开发”，它实际上把领导力（leadership）的概念扩展了，它希望每个人都是领导者。很多机构都会把领导力开发或者领导者的培养，当成自己人力资源战略里面一个很重要的部分。它是现代非营利组织人力资源管理战略里的一个新取向。正因为如此，在一些新的机构里面，他们已经不叫“人力资源”（human resource），而是称之为“人与文化”（people in culture），一个机构的文化是由这个机构的每一个员工组成，一个更新的高度是要每一个人都有这个机构的文化。

4.2.6 非营利组织人力资源的培训

师 A：培训是人力资源开发和管理的重要内容，是一个让员工如何提升的问题。王超老师多年来一直都致力于培训工作，做了很多很高端的培训，能不能分享一下你对培训的理解？

师 B：目前很多对培训的理解是单向的，很多人把它看成是一种学习过程，包括我们前面提到的学习型组织也有这方面的内容。然而包括非营利机构在内的现代组织是希望建立一个学习型团队，组织里的个人、团队和机构整体都应该具有学习的能力，这就对培训的要求越来越高。

我们现在所讲的培训，不再是单向的关于知识和技能的传授，而更多的是针对人的态度、观念，以及精神层面的培训，因为现代组织已经把这些看成是机构文化里重要的组成部分。比如我们刚才讲的人力资源，实际上就是一个机构的文化，所以关于培训或学习的安排，一定是紧密结合这个机构的人力资源开发和发展战略的。比如它有专门的员工发展部门，有比较清楚的系统，有员工的学习计划，不仅从员工的观念、知识、技能等不同层面进行培训，也会对非营利组织自身所需要的核心竞争力进行清楚的界定和设计，比如项目管理能力。此外，还有非常重要的一块，是要从组织的文化、价值、精神和使命等层面来做培训。

非营利组织要根据自身的特点，并结合以上这几方面的内容，设计出一个机构的培训和学习计划，并进行合理而有效的制度化安排，最大限度地挖掘团队成员的潜能，实现个人和组织的共同成长（见图4—2）。

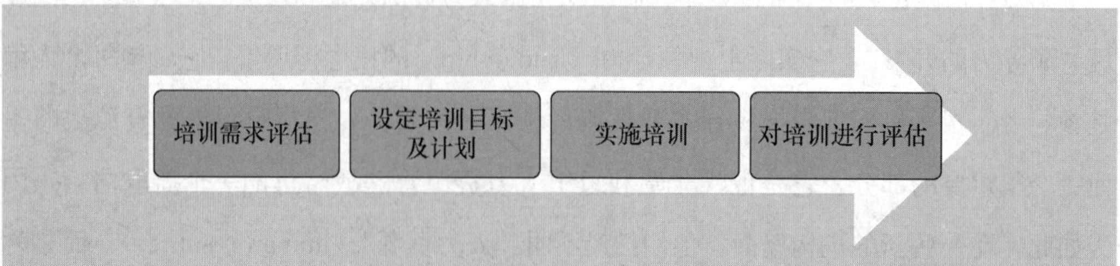

图 4—2 非营利组织的培训流程

复习思考题

1. 非营利组织人力资源管理的主要对象是谁?

2. 非营利组织的员工薪酬如何? 为何提倡“以薪养业”、“以薪养德”?

3. 你认为志愿服务应该如何界定?

本章参考文献

[美] 史密斯一巴克林协会. 非营利管理. 北京：中信出版社，2004

香港管理专业发展中心. 新管理人素质手册——组织行为与人事管理. 北京：中国纺织出版社，2001

[英] 肯·兰登，克里斯蒂娜·奥斯本. 员工评估. 上海：上海科学技术出版社，2001

谌新民主编. 新人力资源管理. 北京：中央编译出版社，2004

丁元竹，江汛清，谭建光主编. 中国志愿服务研究. 北京：北京大学出版社，2007

亲历可可西里 10 年——志愿者讲述. 北京：三联书店，2005

江明修主编. 志工管理. 台北：智胜文化事业有限公司，2003

第 5 章 非营利组织的营销和筹款

5.1 基本原理

营销和筹款是非营利组织管理的两个重要环节，都涉及非营利组织的市场活动。在本课的教学安排中，我们将营销和筹款放在一起，突出强调非营利组织的市场战略。营销是非营利组织运用市场工具推广自己进而形成社会影响力的过程，筹款是非营利组织广泛动员社会资源壮大其规模进而形成市场影响力的过程，两者构成非营利组织市场战略的重要内容。

5.1.1 非营利组织营销与筹款的概念

营销管理是非营利组织管理的核心环节之一，必须建立起面向需求、面向资助者和受益者、面向社会和市场的健全的营销体制，实施积极创新的策略性营销管理，在组织运作和管理的全过程贯彻营销导向。

营销的核心是所谓“4P”，即产品、价格、推广、场所。非营利组织只有得到社会各方面的信任，得到资助者和受益者的支持，并获得市场的认可，才能在竞争中取胜。

对非营利组织来说，营销是一种重要的市场管理活动。第一，通过营销，分析并确认公众的需求，非营利组织可据此提供正确的公共服务，并有意识地引导公众的健康需求；第二，通过营销，非营利组织可以把自身的组织宗旨和其他信息传达给公众，从而提高其公众形象，并刺激公众给予回应；第三，非营利组织可根据营销的状况决定组织目标，并拓宽组织资源的吸收途径，使任务的实现更为顺利；第四，非营利组织可以通过营销引起公众注意，吸引非营利组织需要的各种关注和支持；第五，营销使非营利组织在社会上具有更大的影响力。

非营利组织提供的一般是竞争性的公共物品，而企业提供的一般是私人物品，故非营利组织的营销不同于企业的。许多非营利组织的营销活动涉及无形的社会利益与精神利益，存在评估上的困难，并且得到准确信息的难度大，这使非营利组织的营销同企业的营销相比，显得更为复杂。

筹款是将分散的社会公益资源动员并集中起来的过程。筹款是一个需要艺术、策略、专业化知识和技巧的市场运作的系统化过程。

筹款是非营利组织基于组织的宗旨和目标，向政府、企业、社会大众或基金会等，发动募集资金、物资或劳务的过程。

公募基金会与非公募基金会的区别在于：前者属于公共筹款型的基金会，而后者属于独立基金型的基金会；前者主要靠向社会募集的资金来从事公益性的资助活动，而后者主要依靠自有资金的运作增值以及发起人自身或者其亲友的捐助资金而获得从事公益性活动的资金。

5.1.2　非营利组织发展的营销导向

形成以营销为导向的组织发展体制，首先需要树立营销观念。从组织的领导人、理事会成员，到部门主管、资深员工，以及每一位员工和志愿者，都要树立积极的营销意识，立足营销开展各项活动。这就需要非营利组织做到以下几点：第一，广泛倾听各类消费者对组织发展的意见；第二，了解消费者的愿望和需求；第三，任命适当的员工专职负责营销业务，设立专门的营销职位或营销小组；第四，在组织内部形成一种遵循市场规律并以市场为导向的决策氛围，引导组织内部的顾客导向意识；第五，鼓励员工的创新和冒险精神。

5.1.3 非营利组织的策略性营销

策略性营销是积极的、有计划的营销管理，是非营利组织管理的重要内容之一。策略性营销包括两个大的方面：市场环境和内部条件的分析，营销策略的制定和实施。

市场环境和内部条件的分析是策略性营销的第一步。其主要内容包括三个方面：重温组织的宗旨，分析组织面对的市场环境，分析组织的优势和劣势。

营销策略的制定和实施是策略性营销的核心部分。制定营销策略的步骤主要包括三个：选择目标市场，选择市场定位，发展有效的营销组合。

非营利组织营销的发展趋势主要有：第一，受到营利部门竞争的压力越来越大；第二，消费者关注因素的多样化；第三，消费者更重视服务的品质；第四，社会文化的多元化。

5.1.4 非营利组织筹款理念的发展

非营利组织筹款理念的发展大致经历了三个阶段，即产品导向阶段、推销导向阶段和顾客导向阶段。最初的筹款战略是一种产品导向战略。这个阶段的特点是：大部分的款项由非营利组织的高级管理人员利用他们的关系网筹得，不存在专门的筹款人；有些组织还依赖志愿者和友好人士得到一些捐赠；少量忠心的捐赠者却提供了大部分的捐赠。

随着非营利组织之间的竞争加剧，筹款形势日趋严峻，以产品为导向的筹款越来越困难，非营利组织意识到必须走出去，采用以推销为导向的手段。

随着非营利组织采用营销导向，其在筹款的策略上也开始采取顾客导向。主动分析组织在市场中的位置，关注那些接受组织宗旨的人，设计使潜在捐款人满意的活动计划，甚至和潜在捐款人一起合作设计活动项目，同时也通过筹款活动培养新的潜在捐款人。

5.1.5　非营利组织筹款的市场分析

一个组织有各种不同的资金来源，大体可以分为五种：个人市场、企业市场、基金会/国际资助机构、政府市场和联合劝募组织。小型组织通常面向某一市场筹款，大型的非营利组织通常是多种市场并用，努力向所有的市场募捐。

个人市场又叫大众市场，是非营利组织筹款最主要的市场。了解人们捐赠的动机，是把握个人市场的基础。捐款人的动机主要包括内在动机和外在影响力两大部分。内在动机中包括三个方面：个人的或“我”的因素、社会的或“我们的”的因素、负面的或“他们的”的因素。外在影响力中包括三个方面：回报、刺激、特定情境。

企业参与非营利组织活动有五种主要目的：一为减免税；二为企业形象；三为社会责任（长远回报）；四为增加销售；五为改善企业内部关系。企业捐款除现金、债券外，还有产品、劳务、设施、技术等形式。对一个非营利组织而言，有可能向其捐款的企业包括：与其有地缘关系或业务关系的企业，企业形象与其理念吻合的企业，与其有个人关系的企业。成功的企业筹款需要非营利组织首先清楚如何有效界定有可能捐款的企业。

国际资助机构包括联合国、政府间国际组织、国际非政府组织、发达国家的政府和非政府组织等，都是重要的筹款市场。

政府是非营利组织的重要资金来源。对于扶植非营利组织，政府直接拨款并不是一种有效的方式。因为通过直接拨款的形式，容易破坏非营利组织和政府之间的合作关系，非营利组织也容易丧失独立性或自治性，甚至成为政府的附属机构。通过减免税待遇、项目委托、政府购买服务和公设民营的方式更能推动非营利组织的健康发展，使它们承担起更多的公共职能。

5.1.6　非营利组织筹款的方式

考虑到筹款的效率和不同筹款方式之间的差异，针对不同的市场，非营利组织宜采取不同的筹款方式。总的来说，非营利组织需要动用可以动用的组织资源，采用各种不同的方法，充分调动工作人员和志愿者的积极性，有计划地开展筹款活动。

非营利组织有各种重要的组织资源可用于筹款：理事会成员、主要赞助者、企业、基金会、国际组织、政府、联合劝募组织等。

需要动员个人资源的筹款方式是多种多样的，根据不同的潜在捐赠人，应该灵活应用各种筹款方式，并根据情况进行适当调整。具体方式有私人请求、向俱乐部成员筹款、电话劝募、直接发送信函或邮件、网上筹款、电视认捐、义演义卖、小型项目筹款、大型公益工程筹款、“一对一”捐助活动、遗产捐赠、计划筹款等。

5.1.7 非营利组织筹款的绩效评估

非营利组织对每一次筹款活动都必须进行绩效评估，以找出不足，总结经验，提高效率。

筹款报告是对一次筹款活动的总结，内容包括参加筹款的总人数、收入总额、总成本、金额/人数比例、筹款净收入、每单位筹款的平均成本、筹款的成本回收率、捐赠结构、达到目标的百分比等指标，也包括和竞争者的比较。

工作绩效是对筹款活动中开展的各项工作及其参与人员的工作效率的评估，通过各种指标来评定。

对筹款活动进行绩效评估时，统计和公布间接成本是非常重要的。

成本效益分析是筹款绩效评估和管理的关键环节。

非营利组织的一次筹款活动一般包括五个步骤：成立筹款小组；细分市场，确定目标；设定筹款目标；设计、实施筹款计划；评估、总结筹款活动。根据具体的筹款活动，相关步骤可以有所增减和修改。

5.2 课堂对话

5.2.1 非营利组织营销和筹款的概念

师 A：我们这节课的内容是关于营销和筹款，这是非营利组织非常核心的活动。

一个非营利组织只有营销才有稳定的市场和客户，才有它的立足之地，不懂得营销的非营利组织没有影响力、没有知名度，就没有办法提供社会服务，也就没有办法真正地可持续发展下去。

营销又叫市场推广，目标是形成稳定的客户。非营利组织的客户主要是受益者，因此，营销首先要知道非营利组织的受益者是谁。筹款是动员和获取资源。我们希望这堂课让你们实际地感受到非营利组织的市场到底在哪里？客户在哪里？资金怎么来？靠什么开展活动？

筹款对非营利组织来说是获取资源的活动。非营利组织一般是花别人的钱，怎么把别人的钱变成你开展服务所需资金的来源？这就是筹款要做的事情。通俗点说，把钱从别人钱包里掏出来，还得动员他自己掏出来，这就是非营利组织很重要的专业性活动——筹款。

我刚才介绍了，营销和筹款是非营利组织的核心业务，也是其最基础的业务活动。在这方面，国内非营利组织也有做得好的，但是基本上处在起步阶段，宣明会在这方面做得非常成功，所以第一节课我就跟大家介绍说它是世界上最大的非营利组织，也是在全球筹款、营销和项目管理方面做得最好的非营利组织。下面我们请王超老师先介绍一下宣明会在这方面的主要活动。

师 B：通常，非营利组织里的机构设置可以反映出这几个方面的作用和影响。如果以一个价值链的视角去看的话，你看到的是两头，一头是它的最前端，另一头是它的最末端（见图 5—1）。那么，对一个企业来讲，最前端是什么呢？

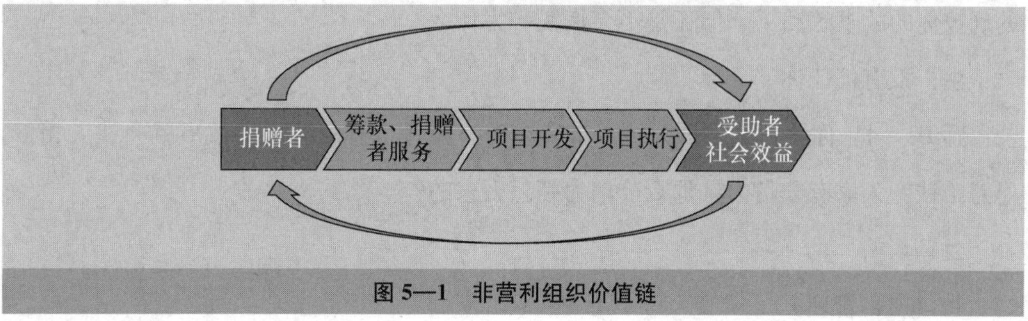

图 5—1　非营利组织价值链

生：投入。

师 B：没错，前面是投入，后面是产出。对非营利组织来讲，最前端就是找钱，也就是筹款。那最末端又是什么呢？

它的产出很多是社会的，或者准确地讲是一种理想。当你营销粉笔的时候，宣称所卖的粉笔没有灰、很环保、很健康，而且一支只需要五块钱，然后对方就掏钱把粉笔买了。各位请想一下，当非营利组织筹款时有没有粉笔这个东西？

生：没有。

师 B：那要跟客户讲什么？

生：业绩。

师 B：我有一个业绩，你要不要花五块钱买？这个跟企业里面讲的营销是不同的，通常非营利组织可能会给你一张图画，那它卖的是什么？

生：理念。

师 B：我这儿有一个理念，五块钱，是吗？

生：讲故事。

师 B：对！他多半卖的是一个故事。你给我五块钱，我能给你带来一种影响，这对非营利组织来讲就是营销。你的故事感人，是不是就一定能拿到钱？我们现在看综艺节目里每个人都在用悲情赚取很多眼泪，那样子可能会赚到一部分钱，但如果没有带来影响或者改变的话，还是没有人愿意为你埋单的。

但是我告诉你，你掏五块钱我可以带来改变。比如每个月五块钱，我就可以保证村子里面的孩子喝到清洁的饮用水，这是不是一个很不错的故事？因为那个村子过去有这样那样的地方病，连一杯清洁的饮用水都没有。

我在街上给你讲这个故事，你会买吗？仅仅因为故事好会买吗？不会。你发现他的确被你的故事感动了，但还是不会掏钱，为什么？

生：没有信任你。

师 B：对。你凭什么告诉我可以带来改变？为什么有的感人的故事就会让人相信，愿意给钱？人家有公信力。那么公信力是怎么来的？

生：人格。

生：项目管理。

师 B：对，这个时候你发现项目管理在这里面起作用了，那么什么样的项目管理才可以让他信得过，并且持续地信任你？美国和加拿大的宣明会都是用机器来读支票的，有的人甚至把信用卡号直接留给宣明会，凭什么？公信力。从整个价值链来看，投入真的带来改变，就是我告诉你这个故事，然后我真的让这个事情发生了，而且你可以看到这个改变。

5.2.2　非营利组织筹款方式的演变

师 A： 刚才王超老师从整个价值链的角度，很好地解释了营销和筹款。国内非营利组织营销和筹款的能力总体上还比较弱，这方面做得好的机构不多，很多是依靠体制的支持。最近几年非营利组织也在积极开展筹款方面的活动。今年我们的《中华人民共和国职业分类大典》[①] 里，增加了一个很重要的职业资格叫劝募师[②]，它就是为非营利组织的筹款活动而设立的，说明需要有一些专业人士来为机构筹钱。

国内这方面做得不错的像中国青少年发展基金会（简称“青基会”），它们早期发起的“希望工程”项目得到了党和国家领导人的关注和支持。1990 年 9 月 5 日，邓小平为“希望工程”题名；1992 年 4 月 15 日，小平同志为希望工程的题词在《人民日报》上发表，并且自己还掏了 3 000 块钱捐给青基会。因为青基会做失学儿童的救助，这是公益事业，让小平同志很感动，他是以“一名老共产党员”的名义捐的。后来青基会经过多方求证，才确认是小平同志捐的，这件事在全国引起了很大反响。它是动员体制的力量，在共青团体制下来开展筹款活动的，所以筹款一定要动员各种力量，包括政治人物、明星和名人等体制内外的重要资源，甚至在体制内会采取一些半强制或者强制性的手段。经过多年的发展，筹款方面已经做得较好，但也有一些问题存在，如偶尔还有强制性的劝募，不知道你们有没有从工资里被直接扣除捐款的？

生： 有。

---

① 《中华人民共和国职业分类大典》是由劳动和社会保障部、国家质量监督检验检疫总局和国家统计局联合组织编制的。编制工作于 1995 年启动，1999 年 5 月正式颁布，首次对我国社会职业进行了科学规范的划分和归类。人力资源和社会保障部于 2010 年逐步启动了各个行业的职业分类修订工作。

② 劝募师是指在社会组织中，基于公益目的，面向机构和公众，通过对公益项目的介绍以及符合规范的奖励，筹集款物和管控风险的人员。主要工作任务：（1）宣讲公益慈善理念、价值观及相关政策法规；（2）收集、整理、分析社会公益捐赠信息，研究公益市场需求；（3）制定募集方案；（4）与捐赠主体联合拟订捐赠协议；（5）跟踪确保捐赠到位；（6）向捐赠主体报告公益项目执行进展情况；（7）组织捐赠主体等合作伙伴，参与考察公益项目实施情况；（8）撰写公益项目总结报告。参见 http://jnjd.mca.gov.cn/article/zyjd/gzdt/201304/20130400451529.shtml，2013-04-28。

师 A：现在这样的问题已经少多了。日本也有类似的捐款活动，比如高校要求校友捐赠，学校会给每个人发一封邮件，然后你去参加活动的时候再给你发一封信封，上面先写上“感谢你为我们作出贡献”的话语，这样你就不好意思不往里面装钱，实际上这也是半强制性的。

中国青少年发展基金会与希望工程

中国青少年发展基金会，是全国性的非政府非营利性社会团体，于 1989 年 3 月由共青团中央发起成立。作为全国性公募基金会，其面向公众募捐的地域是中国以及许可中国青基会募捐的国家和地区。其宗旨是通过资助服务、利益表达和社会倡导，帮助青少年提高能力，改善青少年成长环境。

“希望工程”是由青基会于 1989 年 10 月发起的以救助贫困地区失学少年儿童为目的的公益项目，是我国社会参与最广泛、最富影响的民间公益事业。其宗旨是资助贫困地区失学儿童重返校园，建设希望小学，改善农村办学条件。援建希望小学与资助贫困学生是希望工程实施的两大主要项目。

截至 2013 年，全国希望工程累计募集捐款 97.57 亿元，其中中国青基会筹集善款 31.67 亿元，资助农村家庭经济困难学生（包括小学生、中学生、大学生）逾 490 万名，建设希望小学 18 335 所，建设希望工程图书室 20 604 个，配备希望工程快乐体育园地 5 959 套，配备希望工程快乐音乐教室 924 个，配备希望工程快乐美术教室 320 个，配备希望工程电脑教室 926 个，配备希望工程快乐电影放映设备 565 套，建设希望厨房 2 850 个，培训农村小学教师近 8 万名，建设希望社区 5 个，建设希望医院 22 所，建设希望卫生室 507 个。

美国筹款活动开展得非常专业，它有专门的筹款机制，还有相关的法规等很重要的制度安排。另外它有专门的筹款队伍，劝募师在美国是一个非常重要并且薪酬很高的职位。我认识几位美国的劝募师，比如清华大学教育基金会在美国的两个很重要的代理人就是劝募师，他们能力很强，薪酬也非常高。据介绍，全美真正的优秀劝募师不超过 50 个人，所以清华大学教育基金会不仅在国内的募款能力很强，在北美的募款能力也很强，现在也是中国基金会里发展得最好的。现在国内设立了劝募师的职业资格，它是非营利组织很重要的岗位，但是它必须是高薪的岗位，就像上次课讲到非营利组织人力资源应该有不同的专业人员，有的专业人员薪酬必须高，只有这样，才能募集到相当的资源。

清华大学教育基金会与募捐

清华大学教育基金会于 1994 年正式成立，是民政部批准成立的全国性非公募基金会，也是建国后最早成立的大学教育基金会。其宗旨是：为推动清华大学教育事业的发展，提高教育质量和学术水平，加强学校与社会的联系，争取国内外团体和个人的支持与捐助。2013 年 6 月被民政部评为“5A 级社会组织”。教育基金会以为清华大学的发展提供强有力的支持为使命，积极筹措各种社会资源，基金主要用于支持清华大学人才培养、教学科研、师资建设、校园基础设施建设等各方面工作，并发挥清华大学科技与人才的综合优势开展面向全社会的公益服务。对特定项目捐赠，可以按捐赠者的愿望定向使用。

根据该基金会公布的年度工作报告，其捐赠收入从 2005 年的 1 亿多元，节节攀升，到 2010 年已突破 10 亿元。根据其网站公布的数据，2013 年度捐赠收入达 14 亿元。其中，从 2010 年开始，来自境内的捐赠远超境外，主要是因为来自境内法人或者其他组织的捐赠激增。根据基金会中心网提供的 top100 数据，其净资产和捐赠收入 2012 年排在全国非公募基金会首位，列在全部基金会的第二位。

捐赠是一个非常具有艺术性的过程，很多非营利组织也在积极探索，把一些营销手段放进去，比如义演、义卖等活动，通过故事打动你，然后巧妙地让你自愿把钱掏出来。这方面国外一些机构做得非常专业，世界宣明会是全世界筹款能力最强的机构，它有两个非常有代表性的项目，其中有一个叫“饥馑三十”。

“饥馑三十”的概念很朴素，现代人很多都营养过剩，让你 30 个小时别吃饭，再把省下来的饭钱捐出去，而且它在 30 个小时里可以举办一系列活动，比如大型的表演等，这样很多人可能会捐得更多。大陆有基金会曾经去台湾和香港的宣明会观摩“饥馑三十”的活动，活动现场有上万人，效果很好，所以他们一直想引进。

生：晚上怎么办？

师 A：晚上也有安排。一般会在很大的体育场里举办活动，有可以睡觉的地方，但基本上也就是休息，因为饿的时候完全睡着也会比较困难。其间可以喝些水和牛奶，补充一些营养。特别是当你看到那些明星们也在坚持，你就更受鼓舞了，这是一个带动的过程，最后会有相当一部分人坚持下去，每次活动募集的资金也挺大，做得都非常成功。

世界宣明会的“饥馑三十”与“助养儿童计划”

饥饿三十人道救援行动，简称“饥饿三十”，香港称“饥馑三十”，是世界宣明会为了帮助世界各地受到天灾人祸、疾病威胁的人免于痛苦的活动。活动名称来自《圣经》中禁食祷告的原意，亲身感受饥饿，体会遭逢不幸者的感受。截至 2014 年，香港已举办 31 届，台湾已举办 25 届。

“助养儿童计划”，以儿童为中心、社区为本，致力帮助发展中国家贫困家庭和社区，逐步解决贫穷问题，建立一个可持续发展的社区。该计划集合助养者每月捐款，在助养孩子的社区推行为期约 15 年的“区域发展项目”，其中包括水利、农业、医疗、教育及经济发展等领域。宣明会也鼓励村民，包括儿童及妇女参与，提高他们的能力，使整个社区一起从根本上解决贫穷问题，让助养的孩子得到基本成长所需，身心得到全面发展，健康成长。现在可以选择为每名儿童按月捐款 240 港元，按年捐款 2 880 港元。截至 2013 年，全球有接近 22 万名贫困儿童通过香港世界宣明会接受助养。

还有一个项目是“月捐计划”，宣明会有很多固定的捐款人，这些捐款人把工资卡直接给宣明会，让宣明会每个月直接从其工资卡里面扣钱。因为它有非常良好的诚信机制，而且每扣一笔钱，都非常公开透明地告知捐款人，所以捐款人会非常放心。

国内机构也在尝试开展这两个活动，但是难度挺大，一方面国内还没有建立起诚信机制，另一方面活动规模一旦大了以后，治安、医疗、卫生都是问题，所以现在国内机构会尝试跟一些高校合作，开展小规模的活动，宣明会也在探索新的模式。

5.2.3 非营利组织筹款理念的发展

师 A：宣明会从一个在中国大陆默默无闻的公益组织，到现在成为最具影响的境外在华公益组织，王超老师功不可没。他离开宣明会前做了两件重要的事情，都是帮助残疾人福利基金会发展公众募款项目：一个是刚才介绍的“饥馑三十”，做了创意性的尝试；另一个是“助养儿童计划”。这两个都是从宣明会学习和借鉴过来的，而且他们也提供了很多专业指导，请你跟我们分享一下。

师 B：这两个是很典型的项目。对于“饥馑三十”，用比较前沿的理论来理解叫“活动”（event），就是用大型活动来筹款，比如“地球一小时”或者乐施会的“毅行者”。另外像所谓的高端慈善晚宴（Gala Dinner），目前在中国还比较流行。其实它的成本很高，属于“赔本赚吆喝”。现在这种筹款理念也已经不是首选了，这些活动都变

中国残疾人福利基金会与体验饥饿、儿童助养项目

中国残疾人福利基金会是全国性公募基金会，成立于 1984 年 3 月 15 日。宗旨是弘扬人道，奉献爱心，全心全意为残疾人服务。理念是“集善”，即集合人道爱心，善待天下生命。工作目标是努力建设成为公开、透明、高效率和高公信力的世界一流基金会。基金会自成立以来，积极筹集资金，努力改善残疾人康复、教育、就业等方面状况，培育了“集善嘉年华”、“启明行动”、“中国信息无障碍论坛”等一批有社会影响力的公益项目，形成了“集善工程”这一公益项目品牌。2008 年、2013 年两次获评“5A级社会组织”。2013 年 9 月，荣获“2013 年度信息披露情况抽样调查卓越组织——慈善透明榜样”称号。

2013 年全面启动了“集善残疾儿童助养项目”，建设了包括热线电话、网络捐赠等公众服务后台。开展该项目主要是希望通过体验饥饿活动和助养者每月的小额捐款，激发公众参与公益事业的热情，逐渐形成基金会特有的公众募捐项目和机制。项目目标是在 5 年内向国内外公众募集 1.2 亿元人民币，用于资助湖北、陕西、甘肃三省共 2.1 万名残疾儿童及残疾家庭子女的综合发展。

从 2013 年开始，基金会与高校合作举办体验饥饿的活动。2013 年 12 月 9 日，首届“体验饥饿——牵手残疾儿童和残疾家庭子女”活动在北京大学举办，此次活动以体验饥饿、体验残疾人生活、访谈互动和中国残疾人艺术团演出等形式开展。在活动中，北京大学学生带领他们的同龄人，宣誓在 12 小时内禁食，全心参与体验饥饿活动。此次活动参与人数超过 1 000 人，截至 2013 年底，捐款人数达到 7 745 人次，公众捐款 53 万元。

成了公众教育和品牌营销活动，就是把一些重大的公益主题、公众关注的议题和自己的品牌宣传结合起来，是巨型营销的概念。

第二个项目通常叫“月捐计划”，可能让捐款人每月捐赠 10 元、20 元、100 元、200 元，宣明会的月捐计划在世界上做得最成功，它在全球差不多有 500 万个月捐者，如果中国对世界宣明会开放的话，我觉得中国有 100 万个月捐者根本不是问题。

生：为什么不开放？

师 B：个体月捐计划对公信力有极高的要求，尽管整个产品的设计比较简单，也没有什么高深的东西，但是真正成功的机构只有几个，像英国救助儿童会①、救世军②也

地球一小时

“地球一小时”由世界自然基金会于 2007 年在澳大利亚发起，现已发展成为一个全球性的环保活动。“地球一小时”的宗旨并不在于减少用电量，而是借此机会表达内心的想法：关爱地球。2013 年，全球共有 154 个国家的 7 000 多座城市参加了“地球一小时”。从 60 到 60＋，从关灯到行动，“地球一小时”一直致力于提高公众的环保意识，并推动行为改变。

乐施毅行者

“乐施毅行者”原本是驻港啹喀兵的训练活动，首届在 1981 年举行，1986 年乐施会应邀合办，并首次公开让市民参加。1997 年啹喀兵撤离香港，乐施会与其他服务机构合作主办“毅行者”，自此成为香港最大规模的远足筹款活动。近年来，此活动扩展到多个国家十多个地点举行，筹款全部用于乐施会推行各项扶贫救灾及倡议工作，为不同地域的穷人改善生活。

---

① 1919 年 5 月，救助儿童会在伦敦成立，埃格兰泰恩·杰布女士创立救助儿童会的初衷是为了帮助在第一次世界大战期间遭受饥饿的儿童。今天，杰布女士创立的这个组织已经发展成为全球领先的、独立的儿童慈善组织，在全球 120 个国家开展工作。它也是世界上最大的由女性创立的发展组织，2012 年的运作资金近 16 亿美元，帮助了 1.25 亿名儿童，其中直接帮助了 4 500 万名儿童。

② 救世军（The Salvation Army）是一个于 1865 年由卜威廉、卜凯瑟琳夫妇在英国伦敦成立，以军队形式作为其架构和行政方针，并以基督教作为基本信仰的国际性宗教及慈善公益组织，以街头布道和慈善活动、社会服务著称。其国际总部位于英国伦敦，在全世界有几千个分部，分布在 117 个国家，组织内包括不同年龄层的成员约 200 万人。

在做。宣明会在美国有将近 100 万个月捐者，加拿大有 50 万个，澳大利亚有 30～50 万个，中国香港一个不到 700 万人口的弹丸之地，两三年前的数字是 15 万个月捐者。假设 15 万个人，每个人月捐 200 元钱是什么概念？

生：3 000 万元。

师 B：15 万个捐赠者的作用绝对不是每个月捐几十块钱，他会关注和帮你宣传这个机构，一有事情首先想到的是你，然后他会过来做志愿者，他会教他的孩子。比如我就为我的儿子报名成为一个捐助人，以此来教育他，让他知道你现在的生活不是白给的。有机会的话，寒暑假我可以带他去看那个受捐助的孩子，也许是在缅甸、智利或是别处。

这 15 万人已经形成了一个非常重要的文化。很多是一家人都报名成为月捐者，他们可以通信，也可以告诉孩子，穷人家的孩子的生活是怎么样的，而且这个作用更重要的就是所谓的营销。孩子长大以后，也可能会变成这个机构的长期捐款者，这样就会形成一种可持续发展和有凝聚力的文化。但是有一点非常重要，越是有这样文化的机构就越会受到公众的监督。

很多人好奇，我可以通过做什么事情来筹款？其实筹多少钱只是一个结果，假设我可以每年筹到 5 亿元，那是什么东西让我筹到 5 亿元？是因为我有特别好的营销人员，还是因为我有特别好的技巧？筹款到底是什么东西的结果？

生：好的项目管理的结果。

师 B：还有吗？

生：影响力。

生：价值。

师 B：对，第一重要的是价值，那些真正为一个故事而掏腰包的人，究竟是什么东西在背后驱使他？就是他的价值观和世界观，这是最核心的。你要清楚这个机构以愿景和使命为核心的价值观，所以一个人愿意为一个机构去筹款，就是他也共享了那个愿景和使命，这才是筹款背后真正的动力，这是所有东西的起点，我们把它叫作始于愿景和价值。

还有一点，当他共享价值时，他有哪些行为的改变？我们有一群志同道合的朋友，他们会参与进来，如果不能参与，他们会给钱支持，这个是营销。

如果从技术的角度来讲，非营利机构的筹款要比商业机构的营销更加困难。非营利机构讲个故事就把钱拿走，这连商业机构都很难做到，这就对非营利组织提出了更高的要求，所以真正的营销高手在非营利机构里面。

5.2.4 以资助关系为基础的营销和筹款

师 B：在非营利组织里，特别是一些大机构，虽然名称不同，但都会设置筹款部门或营销部门。除了筹到的钱之外，比如每个月收到 50 万张支票，这 50 万个资助人就跟机构建立起长期的关系了。他们每个月会收到一封来自机构的信，告诉他们所资助的这个小孩现在长成什么样子了，逢年过节还会收到一张小孩画的画等等，这是在建立一种长期关系。

当灾害发生的时候，比如发生地震等自然灾害，各个机构就都开始筹款，而捐款人准备要为地震灾区捐款时，第一个想到的就是一直跟他有联系的机构，他也会向别人介绍他的捐款机构，然后就不断地口耳相传，一次大的灾难，可能会使原本 50 万的资助人变成 60 万，甚至更多。

这个机构有什么产品呢？就是刚才所讲的资助关系这样的产品，那么我这个机构是不是可以再增加一个产品？因此，所有的机构在筹款时，它可能都是这样，就是突然遇到较大的自然灾害时捐款数额就上去了，比如汶川地震、海地地震等。你们可以想象一下，这一段时间，比如 3 个月以内有很多捐款的，之后难道就不捐了吗？事情不是这样的，为什么？

生：人多。

师 B：这里有新增的捐款人，这个捐款人一旦认定这个机构以后他就跟着它了。还有一个问题，就是捐款跟经济状况有关系，经济状况不好的时候捐款量会下降吗？

生：应该是。

师 B：理论上讲应该是，可能会少一点点，但实际上也还是有在增长的，为什么？

生：与经济状况没有必然联系，与非营利组织的营销策略和影响力有关。

师 B：你具体解释一下。

生：因为你的影响力一旦扩大以后，人们就会积极参与。

师 B： 比如你一直在给一个非营利组织捐钱，如果你不想继续捐钱，实际上你只需要打一通电话给那个机构，说从明天开始不捐了，而正因为如此，有些机构在一夜之间就没了。举一个例子，澳大利亚有一个著名机构，因为总裁坐着专机往返另外一个国家只是为了去吃一顿饭，被报纸给曝光了，一夜之间这个机构就倒了。但是为什么经济下滑的时候，很多非营利机构的筹款并没有跟着下滑？另外一个可能有的现象是，中国经济情况不好，捐款数量就下降了，那这又该如何解释？

生： 和这个机构运作的成熟度，还有成功的影响力有关。

师 B： 还有没有别的解释？

生： 我们国家捐款的人是少数，那些人可能主要是有钱人，有钱人就与经济状况有关系。国外捐款的人实在太多了，尽管可能每个人捐的数额不多，比如每月只捐 20 块或 30 块钱，但捐的人多了，总量就上去了。

师 B： 还有呢？

生： 我感觉捐款以后，捐款人和受助人之间建立了一种长期的联系。

生： 还有一种特殊情况，像这种为了救灾而临时动员起来的捐款，比如地震或泥石流引发的灾害，当它的这项使命完成以后也许捐款就结束了，所以前面说的捐款多少和经济情况是否有必然的联系也不能一概而论。另外一种情况是，国内有些组织不太成熟，有些人为了慈善事业捐款，经济形势好时他会多捐，经济形势不好的时候他的捐款能力会降低，但是国际上非营利组织的筹款更为成熟。

生： 经济滑坡的时候穷人更需要资助，因为最先受到打击的是他们，这时非营利组织更容易发挥作用。

生： 可能因为项目管理和捐助人之间有联系，捐款人逐渐形成了比较强的需求，即使在收入下降的情况下，还是有很稳定的捐助。

生： 我的判断是捐款中大部分是小户、散户，而且量不大，不影响普通人的正常收入，大额捐款可能在整个总额里面是少数，所以不受很大的影响。

师 B： 很好，你们答的已经差不多。还需要强调的一点是，刚才讲的“资助关系”，只有项目执行能力比较强的机构支撑才可以维持下去，因为捐款人每个月都给你捐，有的人一捐就是 8 年至 10 年，这期间捐款人肯定会盯着你，如果你后面的价值链末端没有做好，你可能用不了一年就垮了，因此机构的执行能力要很强才行。

比如人家打电话来，他可能一个月只捐200块钱，但他要问你这3个月钱用到哪里去了，那个孩子现在怎么样，你要能够回答他。也许200块钱对他而言并不重要，但是如果不能回答他，或是他发现你把他的钱用错了，那带来的影响绝不只是200块钱的事。

5.2.5 非营利组织筹款的市场分析

师B：刚才几位讲经济情况对捐款人的影响基本上也是对的，原因在于这是大众捐款，可能经济不好的时候收入会减少，但人们要减少支出一般也不会先减捐款，因为这是心灵上的需要，不到万不得已不会减掉。即使要减少，也不会产生太大差距，等经济好转的时候捐款可能就会重新回来了，所以它的增长会减缓，但是基本上不会急速下降。

有些非营利组织喜欢找大机构、大捐款人，一捐就是很大金额。如果经济状况不好，这些捐款机构或捐款人第一个就会想到减掉捐款，比如一个企业第一年盈利15亿元，捐5 000万元出来给这个机构，然后第二年效益不行，他首先砍掉的就是捐款，这样捐款就不可持续。

对于一些新兴的机构，一定要清楚两个非常重要的概念：第一个就是人群的细分，你需要谁来捐款，要非常清楚你的目标人群；另外一个，你做的公益主题（cause，也有译成“善因”的）也要细分，细到别人没法跟你比。比如失独家庭是一个很细分的主题，它是社会问题中非常聚焦的一个。然后你可以有很独特的应对方式和产品，同时失独家庭所面对的捐款人也要细分，你瞄准的目标人群和公益主题都要非常细，这样成功的概率就比较大。

5.2.6 非营利组织基于公益主题的营销

师B：在非营利组织里营销的概念超出了筹款的概念，营销包括了什么东西？

生：形象。

师B：形象还可以看成什么？我们还有另外一个部门是资讯部门，也有人叫交流部门，它们两者是很接近的，主要工作是负责机构的品牌、形象等，很多时候会把这两个部门合称为 MarkComm（Marketing &Communication）。在这个价值链前端还有什么呢？宣传和公共教育，所有的机构都要对外进行品牌宣传、处理公共关系，还有进行公众教育。

公共教育很重要的一点就是你要针对某一个公益主题。比如在很多贫困地区或者污染严重的地区，如果小孩喝的水不好是要出问题的。这是一个很重要的公益话题，因此你要让公众明白他们应该关注哪个主题。有些事件完全可以引起很大的影响，像三聚氰胺这样的事件虽然产生了很大的公众关注度，但可惜的是并没有催生出一些好的非营利组织。关注以后才有感动，有感动才有行动。有些事情让人很感动，但感动之后想要捐款，还要找信任的组织，很多很细的工作需要进一步跟上才行。所以非营利组织的营销，首先要营销某个公益主题，让人对某个议题产生关注很重要。

一些非营利组织喜欢打悲情牌，上来就讲有多可怜，把眼泪都赚完了，但是人们抹完眼泪就算了。真正成功的是什么？是你要告诉他，当你帮助了别人会带来什么样的改变，这个是真正的正向信息。公众对公益主题产生关注，被感动很重要，但如果你的机构来倡导这个主题，同样你也要告诉他们，我这个机构可以做什么，然后我们做了什么。让他们看到这些，这是需要营销的。

我顺便讲一下这个 CRM（cause related marketing，善因营销），就是与一个公益目的或公益主题相关的营销。有没有人举一个例子，什么是一个跟公益主题相关的营销？

生：太阳村爱心树认领。

师 B：不算。再想想，记住它是一个营销。

生：买一瓶农夫山泉捐一分钱。

师 B：对，农夫山泉，它的公益主题是什么？捐给谁？

生：失学儿童。

师 B：这是一个典型的 CRM，就是如果你买我一瓶水，这里面就有一分钱捐给贫困的山区儿童，把一个商品和一个公益主题关联起来。

再比如你去香港，你会看到有宣明会标志的信用卡，表示你每一次交易就会有一笔钱进到宣明会账户里面。这对公司这个营利机构来讲是有益的，它在卖这个东西的时候推一个公益主题，同时因为公益主题也让它卖更多的东西。但这是比较微妙的，到底是因为这个主题让它赚更多钱，然后很小一部分进到公益，还是其他？它是否变成了一个利益的助推剂？

所以在做CRM的时候要非常注意，因为弄不好会非常危险，可能会让某一个商业产品背黑锅。但这是一个非常好的营销手段，也是非营利机构和营利机构结合起来的手段。如果设计得好，那么对企业来讲非常好，因为一方面，企业会觉得自己的形象得到改善；另一方面，非营利组织也有自己的产品了。

产品的选择是可以设计的。现在很多企业把做公益看成一种营销手段，但最重要的还是要从一些比较小的产品做起，这样就能产生一种规模效应。你得想清楚你的目标人群是谁，然后你设计的产品又是很小的产品，当然还要注重公众教育。如果你的产品的公益主题不能引起公众的关注，没有办法产生共鸣，接下来那个产品也会没有意义。

另外，非营利组织的营销也是关于品牌的营销，这是一个非常漫长的过程，是螺旋上升的（见图5—2）。当你讲一个故事的时候，你应该有一个非常优秀的项目团队，一个好的项目设计可以让它真正实现。公众每捐助一点，你都做得很好，这样就会有人继续捐赠，当整个价值链来回运转的时候，你的品牌关注度也就上去了。

师A： 今天的课就上到这儿，谢谢大家。

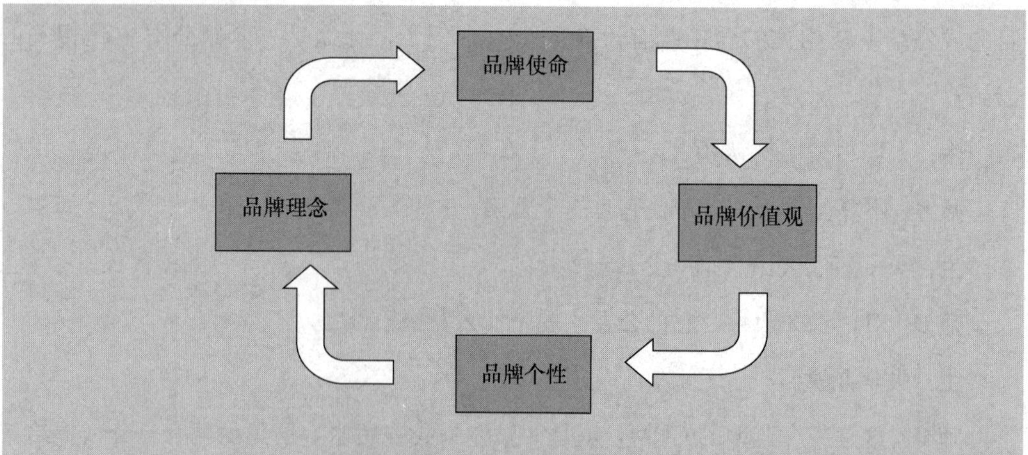

图5—2　非营利组织品牌策略

复习思考题

1. 营销和筹款在非营利组织战略中的地位如何？
2. 什么是策略性营销？如何理解营销导向？
3. 如何控制筹款成本？
4. 非营利组织战略营销的本质是什么？
5. 如何形成非营利组织的筹款战略？
6. 有哪些可用的筹款工具或方式？

本章参考文献

［美］菲利普·科特勒，内德·罗伯托，南希·李．社会营销：提高生活质量的方法．北京：中央编译出版社，2006

［美］菲利普·科特勒，艾伦·R·安德里亚森．非营利组织战略营销．北京：中国人民大学出版社，2003

包林生，徐佳宾主编．至尊企业至尊制度——营销管理．北京：经济日报出版社，2002

Joan Flanagan．募款成功——义工与专家必读．台北：五观艺术管理有限公司，2002

［美］米歇尔·诺顿．全球筹款手册：NGO 及社区组织资源动员指南．北京：中国人民大学出版社，2005

陶传进．社会公益供给——NPO、公共部门与市场．北京：清华大学出版社，2005

第6章

非营利组织的项目管理

6.1 基本原理

公益项目的运作管理是非营利组织管理的重要内容，许多非营利组织最初都是从做公益项目开始的，且项目活动是其全部活动的重心。在本课的教学安排中，我们将项目管理单独作为一章，突出强调非营利组织项目管理的重要性。

6.1.1 非营利组织项目管理的概念及原则

非营利组织的项目管理，是指非营利组织为实现其宗旨，通过项目申请获取资金、人力等社会资源，优化配置所获资源，组织、计划、控制项目的运作过程，最终达到项目既定目标。

根据非营利组织项目管理的特殊性，在实施项目管理时需遵循四项原则：一是紧扣组织宗旨；二是重视申请环节；三是注重项目运作效率；四是规范化。

6.1.2　非营利组织项目申请

项目申请是项目管理的基础。非营利组织项目申请包括项目设计、项目可行性论证、项目建议书书写三个环节。

项目设计应注意以下问题：分析组织自身情况；分析合作方的情况；结合当地的实际情况；注重效率、选题；准备若干替代方案。

项目可行性论证，是指专为决定某一个项目是否合理、是否可行所做的深入论证，以便为决策提供科学依据。可行性论证不仅是决策的依据，也是项目建议书的依据和项目实施的依据。可行性论证一般要深入分析项目背景、项目意义、组织内外部环境、需要的资金、预期成果等。可行性论证主要包括四个阶段：一是搜集信息的准备阶段；二是分析论证阶段；三是具体编制可行性报告阶段；四是拟定财务、人力等资源计划阶段。

项目建议书集项目申请的前期工作之大成，是直接向资助方提交的正式文件。项目建议书包括的主要内容是：项目名称和首页；以项目可行性论证为核心的项目建议书主体部分；参与人员；合作者；主要成果。

6.1.3　非营利组织项目运作管理

项目运作管理的内容包括项目计划、组织实施、控制与管理三个部分。

项目计划的繁简程度可根据项目的性质和项目执行人员的经验来确定，但必须能够指导项目的实施。项目计划包括项目总计划和年度工作计划。年度工作计划必须在项目总计划和预算的基础上制定，明确年度中的工作内容、方法、工作量、时间控制、项目区域范围、参与人员的详细分工、预期效果、详细的报告程序、所需资金的年度预算。

当今非营利组织的项目管理往往采取网络式的管理结构，秘书长下面仍然是各职能部门，但新增一个项目主管，项目主管下面再分设项目经理，项目经理不再直接面对秘书长，项目经理和各职能部门之间更多的是横向的合作关系。

项目的控制与管理主要包括项目进度控制、项目财务管理、项目监测和内部评估、信息沟通、风险控制等内容。

6.2 课堂对话

6.2.1 非营利组织项目管理的概念

师 A：今天我们谈一谈项目管理。我先给大家介绍一下，项目管理（project management）是非营利组织专业活动最集中的方面，是它的生产过程，也是它最核心的运营过程。非营利组织的营销、筹款、社会服务等所有活动，最后都表现为项目的运行和管理。

王超老师非常重视项目管理，宣明会本身就是一个庞大的项目管理体系，有非常成熟的经验。我们曾经一起探讨把宣明会的项目管理系统推介到中国的非营利组织中来，所以先请他大概介绍一下。

师 B：项目管理能力是非营利组织的核心竞争能力，好的项目管理基本上是非营利组织的生存之道，比如能不能筹到款，能不能持续成长下去，都取决于项目管理是否能够做好。它其实也是一个非常复杂的系统，关系到筹款、志愿者招募、财务管理、组织活动等重要内容。通常非营利组织的项目管理是回应社会需要或社会问题而出现的，比如灾害救助、灾后重建。从项目周期来看，它要求有更加广阔的视野。比如一个项目周期应是，从项目设计、项目的实施与监控，到项目评估，最后回到最初的项目设计。对于每个周期来讲，既非常丰富，也非常复杂。对于项目管理人员来讲，在整个项目管理周期中，项目设计是最重要的部分，因为后面的项目实施和监控、项目评估，都是依据完备的项目设计来开展的。

师 A：项目管理能力是非营利组织的核心竞争力，这里面包含了两个非常重要的含义：一方面它是非营利的，面向社会问题的；另一方面它有一种能够跟其他机构甚至企业进行竞争的内在能力。那么，核心竞争力主要靠什么来形成？

师 B： 在宣明会任何一个项目里面，如果你看项目建议书，就会发现其中项目设计的逻辑框架非常强调愿景，会讲明项目贡献什么样的愿景，然后在愿景之下有一个总目标，再下面是具体目标。项目设计的核心内容就是目标体系的建立。对于项目管理来讲，这一系列的思路和视角是特别重要的训练和逻辑思考。

师 A： 你强调的愿景实际上跟非营利组织的公益活动，或解决社会问题的指向有密切关系，这样是不是就不用考虑它的收支平衡问题？

师 B： 一样需要考虑。从项目定义来看，每个项目都要在一定的预算和时间范围内实现目标，项目管理同样受到预算和资源限制。但是在做扶贫和发展项目时，有一些目标不是用投资回报率（ROI）① 来计算，它可以用其他目标来衡量，常见的是受助者能力的提升。这在非营利组织里往往是比较大的挑战，很多机构在这方面觉得很茫然，花了这么多钱，看不到什么东西，其实你看到了改变的人。还有一些项目实际上把能力建设作为指标，这与商业领域的项目管理不一样。从发展的角度来讲，有的发展项目比较强调过程，认为人的发展是学习的过程，应该把项目设计成对学习过程的催化，使人在这个过程中得到提升。这些都是比较新的项目管理理念。

6.2.2　非营利组织项目管理的发展

师 A： 项目管理涉及各种不同类型的项目，有的来自政府购买服务，有的来自基金会，有的是自己开发的，但是所有项目都要有项目管理的流程，而且要有专业团队进行专门管理。

目前国内项目管理的发展已经经历了很长的过程。以基金会为例，我们一般分为两类：一类是资助型基金会，将募集来的捐款通过项目的形式提供给别的组织。基金会作为项目的资助方，要求这些组织按项目流程提交申请，然后向它们提供资金，并进行一定的监督控制，项目完成以后由受资助的组织提交项目报告。这种基金会在国内现在才开始起步（见图 6—1）。

① 投资回报率（Return On Investment，ROI），指通过投资而应返回的价值，它涵盖了企业的获利目标，又称会计收益率、投资利润率。

图 6—1 非营利组织项目申请的流程

另一类是运作型基金会，就是募集来的钱不交给别的组织，而是基金会自己组织一个专业团队，根据捐赠人的意愿按照组织的宗旨设计项目、配置资金，建立从资金供给到服务项目整个网络性或者体系性的架构，来实际运作项目。国内绝大部分基金会都属于运作型，比如中国残疾人福利基金会、中国儿童少年基金会、中国宋庆龄基金会、中国青少年发展基金会。

中国儿童少年基金会

中国儿童少年基金会（中国儿基会）成立于 1981 年 7 月 28 日，是我国第一家公益基金会。它以服务儿童少年教育福利事业、服务社会、服务大局为宗旨，打造和拓展了“春蕾计划”、“安康计划”、“消除婴幼儿贫血行动”三个品牌项目，形成儿童教育资助、大病救助、安全健康、灾后紧急援助的立体化资助服务体系。

中国宋庆龄基金会

宋庆龄基金会，于 1982 年 5 月为纪念中华人民共和国国家名誉主席宋庆龄而成立。2005 年 9 月，经第五届理事大会审议通过，更名为中国宋庆龄基金会，英译名为“China Soong Ching Ling Foundation”（SCLF）。其宗旨是：继承和发扬宋庆龄毕生致力的增进国际友好，维护世界和平；开展两岸交流，促进祖国统一；关注民族未来，发展少儿事业。

该基金会自成立以来，根据社会需求有针对性地开展公益慈善事业，在教育、健康、扶贫、人才培训、紧急救助等方面取得了积极的成效。如“未来工程”是以帮助中西部家庭生活贫困的学子完成大学学业为目的而设立的大学生奖助学项目；“母婴平安项目”旨在让更多的母亲安全，让更多的儿童健康。此外还有“西部园丁培训计划”、“儿童权益保护项目”等。2011 年 11 月，基金会获国务院扶贫开发领导小组表彰，被评为全国扶贫开发先进集体。

师 B： 什么时候开始出现资助型基金会？

师 A： 汶川地震以后，很多基金会的钱开始多了，发现自己花不了，必须有人帮着花，于是大型基金会开始尝试把一部分钱拿出来让别的机构去花。资助型基金会的难度比较大一些，它要求更加健全的社会网络和社会系统。首先要有一批组织能够运作项目；其次，这些运作项目的组织跟资助机构之间要有稳定的合作关系，而且形成一种很重要的社会信任体系；最后，运作机构对项目有一定的监控能力。

最近这几年这种类型的基金会才开始发展，但是规模很小，成功的案例不多。绝大多数基金会都倾向于建立自己的项目运作体系，包括很多新成立的非公募基金会，这样成本还是相当高的。每个运作型基金会都有比较规范的项目运作和管理体系，相应的就会发展起一定规模的项目管理团队。现在国内项目管理团队规模在不断扩大，但是目前还没有项目管理方面的人才支撑体系。我们希望公益类项目有单独的专业人才培养系统，我们建议民政部和人社部再进一步沟通，以便能在新版的《中华人民共和国职业分类大典》里面增加一个职业序列叫作项目管理师。2013 年增加了劝募师和会员管理师，现在更迫切希望有项目管理师，因为项目管理对非营利组织来说更加重要。总体上，现在国内非营利组织的项目管理开始摸索一些专业化的流程、基本要求和程序，但是和比较成熟的非营利组织相比，特别是历史比较悠久的非营利组织相比，我们的项目管理专业化程度还很低，项目管理能力还是比较弱的。

生： 这个项目管理主要针对什么专业？

师 A： 不同的项目差别很大，从领域来看，营销有营销的项目，筹款有筹款的项目，这些都可以纳入项目管理，但是它本身技术性要求比较高，有一个固定的流程。比如撰写项目申请书、项目的申请过程，以及项目在运行过程中的具体环节等。从专业角度来说，项目的运营管理更倾向于跟经济学、管理学相关，跟企业非常接近。

生： MBA？

师 A： 对，工商管理硕士和工程管理硕士课程中都包含项目管理相关的课程。现在讲的项目管理师是希望在非营利组织，乃至公共管理系统中增加项目管理，更多强调公益类的项目管理，它跟工程类和工商类的项目管理有很大不同，其中最大的不同是它的产出和受益对象不一样。

生： 公益类项目管理的要求是不是更高一点？因为公益涉及很多领域。

师 A：它是一个复杂系统，而且覆盖面又很难说。它最大的问题是什么呢？市场类、营利类的产出很容易评价，可以通过市场收益和价值来衡量。而非营利组织或者公益项目的目标群体是弱势群体或者是整个社会，这个就不能简单地衡量。当然我们现在也努力建立一种可衡量的机制，比如环保类、扶贫类项目，通过一定的访谈、反馈等评估工具，对项目目标达成情况、执行过程、经济效益、项目管理能力、受益者等方面进行系统的、客观的分析。

6.2.3 非营利组织的项目管理始于愿景

师 A：宣明会的项目管理做得非常好，它有专门的项目管理系统，而且这一系统的性质很难界定，既是筹款系统，又是项目运作系统，但是在它的体系内分得特别清楚。比如香港的宣明会分两个系统：一个是筹款系统，由香港宣明会来运作，只做筹款，不做项目；一个是宣明会中国事务部，只做项目，不做筹款，分工非常明确。国内的非营利组织也应该把筹款跟运作适当地分开来，特别是大的基金会。比如红十字基金会主要承担募款职能，红十字会可以定位为全国性的救灾救援机构，这是非常好的机制。因为将筹款和运作放在一起，而很多资金管理的方式如果没有制度化，这是非常大的问题。下面我们请王超老师来讲。

中国红十字基金会

中国红十字基金会，简称中国红基会，是中国红十字会总会发起并主管、经民政部登记注册的具有独立法人地位的全国性公募基金会，其宗旨是弘扬人道、博爱、奉献的红十字精神，致力于改善人的生存与发展境况，保护人的生命与健康，促进世界和平与社会进步。2008 年和 2013 年，连续两次在全国性社会组织评估中获评“5A 级基金会”；2015 年，成为国内首家获得 ISO 认证的“5A 级基金会”。目前，中国红基会主要实施两大系列的公益项目：一是助医领域的“红十字天使计划”，二是助学系列的“博爱助学计划”。

师 B：我想问一下大家，一个好的项目是始于什么？

生：目标。

师 B：好的目标就行了？

生：需求和组织。

师 B：好的组织？

生：自始至终的管理。

师 B：好的项目管理也是始于愿景的，有愿景才有目标。我们很多时候犯了一个重大错误，一上来就去设计目标，而那个愿景才是方向性的。如果你没有确定方向，那目标指向哪里？所以我们的团队每天都在强调这个东西。

项目管理，特别是项目设计，有两种基本的思考路径：正向的思路和负向的思路。这两种思路都应源于愿景，具体来说应源于愿景与现状之间的差距所带来的张力，这种张力，彼得・圣吉称之为“创造性张力”。

先讲负向思路。负向思路把造成愿景与现状差距的原因看成是一个个待解决的问题，解决了这些问题，就会实现或靠近愿景。因此这种思路又被称为问题解决方案（problem solving）。举例来说，我们对所服务的社区有一个愿景，那就是社区中每一个儿童都健康快乐地成长，而现实是该社区中的儿童大多不健康（没有干净的饮用水），不快乐（如留守儿童），也不能享受良好的教育。那么造成这种差距的原因是什么？什么是最核心的问题？找出核心问题以后，再一层层地分析围绕核心问题的其他问题，就能得出所谓的“问题树”。这时候，可以将“问题树”翻转为“目标树”，然后通过项目活动逐一实现不同层次的目标，这些目标的实现同时也就是问题的解决，而问题逐一得到解决就能实现或靠近愿景。这就是从问题入手的负向思路或问题解决方案。需要注意的是：并不是所有的问题描述都可以直接转化为目标。

什么是正向思路呢？和负向思路不同，正向思路是从愿景出发，采用的是一种正向的、欣赏式的探询（appreciative inquiry）方式，去寻找梦想的不同向度，从而得到“愿景树”，进而将其转化为“目标树”，并通过项目活动来逐步实现之。

关于项目管理的负向思路和正向思路，还有很多丰富的内容，以后开设项目管理课程的时候我们再讲，这里就不展开了。需要说明的是，目前国内非营利组织项目管理大多数采用的是问题解决方案型的负向思路，很少看到欣赏式探询型的正向思路。

项目管理最重要的部分是项目设计，它的核心是关于设计、设计、再设计，如果没有这些东西，而只是从活动到产出，再到活动，那就不是项目管理了，那个叫现场管理。我想强调的是，项目设计还是始于愿景的，如果没有愿景的话，目标的设计是拍脑袋想出来的，没有方向，即便目标实现了，也不一定对希望达成的东西有真正的贡献。这就是项目管理。

6.2.4 非营利组织项目策划书的撰写

师 A：对非营利组织来说，做策划书是项目管理中非常核心的环节，我们请王超老师做一个系统介绍。

师 B：整体来看，项目策划应该有三个层面：第一个是政策和体制层面；第二个是组织层面；第三个才是项目层面。

如果把整个框架拿出来看，政策和体制层面要和中国现实相符合，比如一些相关的政策法规，这是很重要的环境因素。再下来是组织层面，组织的核心是愿景和使命，接下来就会有一些战略层面的东西，比如这个组织如何定位、到底要做什么事情、怎么来做、采用什么样的战略。这些确定以后才能到项目层面。战略的设定跟项目如何联结？你可能有一系列战略方向和意图，这些绝大部分是通过项目来实现的，这个时候才进入项目层面，也就是进入项目管理层面了。

项目管理最关键的是项目周期管理，大致有四个周期：项目的选择和确定、项目的设计、项目运作和项目评估。再有新的项目，再经历一个项目周期，这是理论上的路线，但很多时候我们会犯一个逻辑错误，就是一头扎进一个项目。如果这个项目不在刚才那三个层面的框架里，即便做了，也不一定能帮助这个机构，甚至可能有反作用。我们有一个说法：你可能赢得了那场战斗，却输掉了整场战争。所以当你描述项目，或者撰写项目策划书的时候，一定要匹配整个框架，否则这个项目并不能帮助你实现战略意图，也可能不是这个组织要做的事情。我们很容易把项目策划书看成一个技术性问题，但是如果这个问题不在战略层面上，并且没有一个战略性回答，那么它可能是没有意义的，甚至越帮越忙，越做越错。

我们回过头来看，在最高层面上是政策和体制的层面，王名老师在这个层面的研究比较多，我们也一直在谈这个，比如中国的体制环境对非营利组织、公益慈善有什么意义。从政策和体制层面来讲，你要考虑你所在的体制和制度环境，或者说政策环境是什么样的，要不然你可能没法生存。接下来是组织层面，组织要回答的问题是什么？这是战略问题。在整个战略框架下才有项目组，或者项目群，然后才是我们讲的单个项目，但是它又属于某一个项目群，这个层面才是项目层面，也就是我们讲的技术问题，或者说战术问题。

我问一个问题，这个项目群是由什么来定的？它是在技术层面还是战略层面？SWOT 的位置在哪里？跟这些项目是什么关系？

生：指导关系。

师 B：怎么指导？SWOT 得出来的结论是什么？有没有同学能告诉我？

生：就是你做哪些计划来发挥你的优势，抓住机遇，对吗？

师 B：对，备选的方案，备选的策略，有几种啊？

生：四种。

师 B：你有四种备选。每种备选的战略方案可以选择一组项目。比如我要提升公民和整个社会对雾霾的认识，这是我的一个战略意图。它不是靠某个项目就能达成的，可能包含了公民教育、科普、公民运动，或是一些公众活动，其中每个活动都可能是一个项目，最终构成一个项目组。这些项目是从战略里面得出来的，当你的 SWOT 分析出来以后，就变成了由不同项目拼在一起的项目组。

从宏观来看，战略意图可能包括了 A、B、C、D，然后每个战略意图里面包含了不同的计划，每个计划可能由不同的项目组成。你做了所有的项目就完成了整个机构的战略意图，就意味着走向你的愿景了。所以当我们描述项目的时候，头脑里面一定要有非常清楚的框架，比如单个项目，可能是某个计划里面的一部分，这些计划应该构成整个机构战略的一部分。

当你讲雾霾，可能有几个战略方向：第一，让雾霾地区的人认识到雾霾的危害；第二，让他们行动起来；第三，让他们成为改变的使者，不仅自己改变，而且要影响别人改变。这里面让他们认识到雾霾的危害，又可能包含了几个项目，比如科普、培训，或者如何培养社会中的催化者等，这些都可能变成你的某个项目，所有这些项目加起来可以实现更高一部分的目标和影响，最后可以实现更高的愿景或者使命。这个思路清不清楚？你可以从上往下，也可以从下往上。你可以进一步细分，但是基本上来讲是这三个层次。

生： 项目组就是一群计划，也是属于第三层？

师 B： 对，都属于项目层面。项目组，在英文里称为 program，也有翻译为“计划”的，而单一项目则称为 project。我们现在谈的项目计划书，可以是 program，包括刚才讲的五个 projects，也可以是某个单一的具体项目。同时还有更高层面的战略规划，所以你的项目应该是战略规划的一部分，要不然你想到一个项目就做，它可能不符合你的战略意图和方向，甚至有可能背道而驰，有各种各样的可能性。但是作为一个机构的领导者和管理者，头脑里应该有一个更大的图画，描述一个项目的时候，要知道这个项目在整个规划中处于什么位置。

“战略规划”其实包括了战略和战术。战略关乎的是提出问题，做什么、为什么做等；战术关乎的则是解决问题，如何去做等。战略规划有许多不同的思路、方法和途径，因此形成不同的学派，如定位学派、环境分析学派等。我们这里使用的 SWOT 分析是较为经典的方法，可以一直这样分析下去。

生： 那愿景和使命属于哪个层次呢？是在第一层次吗？

师 B： 制度层面是你的大环境，愿景和使命是在组织层面，但是如果你的愿景和使命不能在一个体制环境下生存，实际上是没有办法实现的。

生： 我觉得是不是可以分成四个层次，就是愿景和使命也是一个层次？

师 B： 也可以这样讲。但是你的战略规划一定是基于机构的核心，即机构的愿景和使命。这只是通过整理你头脑里的那些框架，为方便自己思考而做的一个划分。先请王名老师总结一下。

师 A： 我们现在主要讨论一个问题：项目策划书。我们要怎么样去设计和完成一个项目策划？往更高的层面讲，它有一个愿景和使命，这跟非营利组织相关联，然后这个组织要完成这样一个项目，又跟它整体的外部政策和体制环境相关联，所以要考虑政策和体制环境，但是最后还是要回到项目上。

刚才王超老师讲的是两个不同的思路，一个是从上往下。我的目标是什么？愿景是什么？比如雾霾，可能把它定义为“蓝天自造”，这是我们共同的愿景。我们现在成立了一个组织，就叫繁星会，有一个 90 人的团队，要完成项目群中单个的项目，明确这个项目应该从哪里入手，这是从上往下的思路。

还有一个是从下往上的思路。具体来说，比如我想做一个科普项目，这个项目怎么去联结我的组织？怎么往上走？需要走到政策和体制背景下去考虑。

通过这两个不同的思路来构建一个项目策划的框架。刚才王超老师讲的项目组、项目群的概念，实际上是针对一个组织来说的。对项目策划书来说，就是一个项目能够有明确的切入点，当然再往上走是明确的宗旨和目标。然后这个项目策划书还有一些相应的程序和技术要求，我们请王超老师介绍一下。

师 B： 其实技术要求比较简单，所有的项目策划最后集中在一张表上面。那么这张表是什么呢？我们把它叫作"逻辑框架矩阵"（见表 6—1）。

表 6—1　　　　非营利组织项目策划的逻辑框架矩阵

<table>
<tr><td colspan="5">愿景</td></tr>
<tr><td>层次关系</td><td>内容描述</td><td>指标</td><td>指标出处</td><td>重要假设</td></tr>
<tr><td>总目标</td><td rowspan="3"></td><td rowspan="3"></td><td rowspan="3"></td><td rowspan="3"></td></tr>
<tr><td>具体目标（影响）</td></tr>
<tr><td>成果（产出）</td></tr>
<tr><td colspan="5"></td></tr>
<tr><td>活动</td><td colspan="2">投入方式</td><td colspan="2">投入成本</td></tr>
<tr><td></td><td colspan="2"></td><td colspan="2"></td></tr>
<tr><td colspan="5">前提条件</td></tr>
</table>

逻辑框架矩阵怎么来的？还是源自愿景，愿景出来以后就是总目标，总目标以后会有不同的目标体系。这个有不同的说法，有的说它是影响，有的说是具体目标。然后是成果或产出。最后是活动。对项目管理来讲，真正最重要的部分就是拿出一个目标体系。

那么总目标是怎么来的？它一定来自愿景。选择这些目标与愿景的过程跟我们的战略有关系。要根据我们的战略目标，或者战略方向和意图，选择目标。这是一套整个项目设计与项目策划的方法，叫目标分析法。

整个方法论是什么呢？把一个大的目标分解成具体一点的目标，然后再分解到一个更具体的目标，一直分解到它变成非常具体的产出，比如要建一所学校、修一条路、挖一条水沟等等。接下来要做什么？比如要挖一条水沟，肯定要设计、施工，还要买水泥，让施工队来，这就变成具体的活动了。从头到尾是非常有逻辑的过程，为什么呢？因为它们加起来一定要得到总目标。如果不能得到它，那整个项目就是一个失败的设计。

生： SWOT 在哪个层次呢？

师 B：你问了个非常好的问题，SWOT 在设计之前。在项目设计里面还没有告诉你，策划书中为什么选择这些目标。这完全是技术层面的问题，所以有时候会混淆。我们以为是一个战略性的项目，其实在选择这个项目之前就已经做了战略性的思考。比如为什么要做公民教育？因为我相信，如果每个人都认识到雾霾的危害，他们会产生行动，这就是我做的选择。

当你选择做关于雾霾的公民教育的时候，假如你的目标是 3 年之内让北京市 80%的公民都认识雾霾，那你为什么用这个教育方式，而不是做口罩？这个目标的选择是因为你做过了思考，这是你的愿景，这是可以真正带来影响的部分，所以接下来完全是一个富有逻辑的、非常技术的过程。当你这样描述这个目标的时候，有没有问题？

生：外来人口怎么算？住两三个月的算不算？

师 B：非常好，界定一下，80%的常住人口。当讲一个目标的时候，它要有一个基本知识，我们叫 SMART。S 是要具体（specific），不能是抽象的目标；M 就是可衡量的（measurable）；A 是可达成的（attainable），在这里指的是一个目标，不是愿景，因为愿景不一定能达成；R 是相关的（relevant）；T 是有时间限制的（time-bound）。所以我刚才的这个目标描述好不好？是不是 SMART？

有时间限制吧？3 年之内。是不是具体的？是具体的。是不是可衡量的？你怎么衡量 80%的人？抽查。在你的项目设计里面，就要求你有目标描述，然后有目标的衡量方法。你将来怎么来做？我刚才讲使 80%的人口接受关于防治雾霾的知识，这些判定的方法是什么？我可能每年进行抽样调查。我要实现这个目标，还有什么要注意的？

生：可行性。

师 B：很好！但是通过什么来体现？我打算在 3 年内实现这个目标，这是否可行，其中重要的东西是什么？它的前提，或者说假设。还用这个例子，80%的常住人口接受雾霾基本知识的教育，这个前提是什么？

举个例子，如果发生了大的自然灾害怎么办？谁来管你学没学雾霾知识，早就一哄而散了，比如当年的“非典”。因此所有的目标都有前提假设。假设北京市未来 3 年不会出现重大的自然灾害，那么我可以做这个东西，这个前提就跟刚才讲的可行性有关系。这个假设只有三种情况：一定会发生；一定不会发生；可能会发生。如果一定会发生自然灾害，意味着 80%的目标根本就不可能实现，那就需要重新确定目标，对不对？如果那个自然灾害一定不会发生，对我们意味着什么？

生：这个目标是成立的，是可以达成的。

师 B：3 年之内一定没有自然灾害，这个假设没有意义，我把它拿掉，这不是一个假设。

第三种情况是可能会发生，在项目设计里面我们应该做什么？风险管理。这个时候，在所有项目设计的框架里面，你要知道可行性的意义在哪里，风险管理也在这个目标里面。如果发生自然灾害的可能性非常大，那你的预案是什么？可能是降低目标，也可能是调整你的活动等等。

我们每个目标都可能有下一级的目标体系，也叫目标，或者影响。如果总目标是 80％的人在 3 年里知道雾霾知识，下一级的目标是什么？逻辑上一定是相关的，但是这个是怎么来的？

两种分析的方式，一种是问题分析法，一种是愿景分析法。问题分析法是比较负面的，要解决问题。如果全民都对雾霾有高度的认识，与大部分人不明白雾霾真正意味着什么，这之间的差距是什么？或者因为什么他们没有这些知识？肯定有一个核心问题，你们想一想有什么问题。

随便举个例子，他们的意识不高，认为没什么，只是空气不好而已，过去经常有这个说法，所以他们对雾霾的危害认识不够，会不会是这样？如果是这样，至少有一个核心问题了。你可能觉得这个问题非常重要，然后对它进行分析，为什么意识不高？可能是因为关于雾霾的科学知识不够。可能是因为他们找不到那些相关的知识，知识的来源不够。还有什么？先就这两个吧。那没有获取知识的途径是什么原因呢？市面上买不到关于雾霾的书籍，网上也没有关于雾霾的科普知识。这是不是一个非常具体的问题了？

如果把问题反转过来，变成问题已经被解决的状态是什么样的？网上有关于这方面的科普知识，市面上也有相关的书籍，可能社会上还有很多人愿意去做宣传等等。这是不是变成非常具体的产出了？这个时候就可以通过这种阐述设计出活动了。我们可以找人把相关的知识收集起来放到网络上。我们可以去培养那些热心人，愿意在公共场所做雾霾宣传的人。我们可以出版发行一些关于雾霾的科普书籍。这已经是三类活动了，还可以更细。

到了做活动的时候，要做些什么？活动设计以后要有预算、时间安排等等。所以每个目标都可以有描述，有衡量的方法，有可行性或者是假设前提。这样就形成刚才讲的逻辑框架矩阵，这是目前全世界流行的一种项目策划方法，所有的东西最终都会落在一个矩阵表格里面。当你做项目设计的时候，就是做这个项目设计的表格。

实际上项目策划书是去做一些解释，比如这个问题是怎么分析出来的，或者你的目标是怎么确定下来的。而这个又变成所有项目实施、监测和评估的依据。监测的时候，做抽样调查，看看是不是达成了目标。当你有 3 个目标的时候，你达成的情况怎么样？如果都达成了，是不是真正对你的总目标有所贡献？如果没有贡献，说明这个问题分析不太对，不完备。你肯定要重新分析，那就是所谓的项目管理周期，就是当你做评估的时候，回到项目设计阶段来调整。所以这个表格就成为你的项目，每个活动都在这里，可以成为项目监控和项目实施以及项目评估的依据，这就完成了整个项目管理周期。

生：有没有一个具体的项目策划书给我们看看，有助于更好地理解。

师 B：我们没有用具体相关案例作为实例分析，是不想引导和限定大家的分析思路；我们用一些简单和不相关的例子来讲解，是为了说明分析的过程。其实每个案例或问题都是独特的，因分析者理解和角度的不同而不同。建议大家课后去查阅不同项目设计的目标体系的具体案例，体会它们分析的过程和结果。

生：我能不能这样理解问题树和目标树：我们是通过对问题的全面分析，得出问题树；然后从问题得到解决后的状态的描述中推出目标树。而目标树就是我们项目目标体系的来源，是项目设计的逻辑框架。

师 B：对。这是一个方法论，给你提供一种路线图让你知道怎么去做，这是普遍适用，也是普遍接受的。为什么呢？因为当你这样讲项目的时候，大家用的是同样的语言和逻辑，资助方或是评审方都采用这个方式。

师 A：现在把这个方法作为一种项目管理方式来跟大家介绍，其实不完全针对这个例子，当面对社会问题的时候，从问题出发和从目标出发是两个非常基本的思维方式。我们现在讲项目策划，最核心的是愿景和使命的提炼，这里面也包括两个方面，一个是从你的愿景和目标出发，另外一个是从问题出发，要尝试把这两个方面结合起来进行策划，找出它们之间逻辑上相关的地方，提炼出不同的问题要点，从表面问题进入核心问题，然后进行目标分析。

6.2.5　非营利组织项目管理的成功实践

师 A： 营销、筹款和项目管理，是非营利组织三个非常基础和核心的环节。这部分内容有没有什么问题？

生： 再给我们举个具体的例子，中国有没有项目管理做得比较好的非营利组织？

师 A： 比如青基会、扶贫基金会。我特别希望大家能在这门课中理解一个好的非营利组织为什么能够做得这么好。

中国扶贫基金会

中国扶贫基金会成立于 1989 年 3 月，其宗旨是：扶持贫困社区和人口改善生产条件、生活条件、健康条件并提高其素质和能力，实现脱贫致富和持续发展。该基金会现在已经成长为我国扶贫公益领域最大的公益组织。2007 年被民政部评为“5A 级基金会”。截至 2012 年底，累计筹措并投入扶贫资金和物资 57.45 亿元，受益贫困人口和灾民 1 496.17 万人。

生： 我们的非营利组织做得不好，是不是因为跟官方走得太近，或者是官僚习气过重？

师 A： 跟体制有一定关系。我讲一下我的观点，然后请王超老师再讲。

第一个是非营利组织先天不足，最重要的是宗旨、价值、理念层面的缺失。当然不是所有的组织都缺失，有的非营利组织在运营的过程中确实找到了一定的价值和愿景。

第二个是非营利组织在一种特殊的制度和体制环境中成长起来，一方面是我们的旧体制，比如像青基会的“希望工程”，它得到体制的支持和推动，但是这也带给它一些很重要的束缚，特别是没有形成必要的制度约束；另一方面是新体制还没有完全建立起来，我们现在还在进行立法方面的调整，比如公开透明原则，很多组织经过 10～20 年的发展，还不知道应该公开透明，比如向捐赠人说清楚钱是怎么花的。“郭美美事件”以后，我们才发现需要说明这个事情。早期的“青基会事件”，后来的“壹基金事件”，回过头来看，发现都必须给捐赠人一个交代，我们没有这个理念。这本来应该通过法规，做出刚性的、制度化的要求。

第三个是非营利组织成长的过程，也是中国一步一步走向市场化的过程。市场化对非营利组织发展有积极的意义，比如提供资源的支持、相对宽松的环境等等，但有一个非常消极的方面，就是市场化形成了一种唯利是图、有空子就钻的氛围。因为我们的市场化是一个从零开始的过程，所以非营利组织出现的很多问题，都跟牟利或逐利有一定关系。

郭美美事件

2011年6月21日，新浪微博上一个名叫“郭美美Baby”的网友颇受关注，其真名为郭美玲。这个自称“住大别墅，开玛莎拉蒂”的20岁女孩，认证身份是“中国红十字会商业总经理”，其真实身份众说纷纭，由此引发很多网友对中国红十字会的非议。后经她本人在微博中证实，其并非红十字会的工作人员，而是就职于与红十字会合作的另一个名称相近的公司。中国红十字会总会也发表公开声明表示，其与红十字会无关。尽管如此，红十字会公信力严重受损。

青基会事件

早在1994年，香港《壹周刊》就发文声称经过该刊记者6个月追查，发现“希望工程”善款失踪。此后青基会多项筹款计划被迫取消，声誉受到很大影响。随后青基会正式在港起诉《壹周刊》诽谤。2000年6月，青基会胜诉，法院判《壹周刊》支付350万元赔偿金。2002年，《南方周末》记者方进玉撰写有关青基会违规操作事件的报道被封杀，之后又被披露出来，青基会及其灵魂人物徐永光的信誉再度引发了公众普遍质疑。国家审计署随后对青基会进行审计，审计报告未公开。2004年1月，《中国青年报》发布一则消息：“有关纪检部门经过核查，没有发现中国青基会负责人有腐败行为。”

在西方，我们也看到很多问题，但是这些问题的发生未必是因为牟利，而可能跟管理不善、不规范有关系。我们出现了很多问题，根源是什么呢？这些人做违规的事情是为了牟利，这就伤害到了非营利组织的根本。为什么有公众指责非营利组织？他认为你不是在做公益，或不相信你真的在做公益，更怀疑你通过公益牟利，这是为什么？因为市场化的背景在那里，你没有办法改变它。这些人可能昨天在经营市场，今天就过来做公益。此外，一方面对公益缺乏有效的监督和问责，制度规范存在缺失；另一方面薪酬又不高，没有必要的薪酬保障，对市场和体制两个方面都会产生消极影响。

生：我觉得要解决这个问题，需要改革和更加开放，只有竞争才能解决。

师 A：我们正在积极探索，这几年通过制度建设非常努力地推进这个过程。

生：像我们单位每年扶贫，钱都不知道到哪里去了，说是定点一个村、一个镇，可是到贫困户手上不知道能有多少。所以应该更加开放，只有竞争才能进步。

师 A：你说的这是一个问题，我们现在很大程度是垄断公益，特别是垄断捐赠资源，这是体制问题，需要进行改革，其中一个重要方向就是募款跟用款分开来，这是非常朴素的原理。我们请王超老师介绍一下香港的情况。

师 B：香港有几家机构很特别，就是它们在香港筹钱，但是钱基本上不在香港花，比如宣明会、乐施会。宣明会在中国内地的支出占到了 40%，其次是东南亚、非洲、拉美，可以说是把在香港筹的钱用在全世界。当然也有一些本地的机构，在香港筹钱，也将钱用在香港。

在香港，任何一个人都可以注册一个机构，24 小时左右就可以完成注册，基本上没有门槛，而且对筹款没有太多限制。它的法律是指引性的，叫作最佳案例。它唯一的差别就是你可以申请免税。对于一些大而成熟的机构，通常有比较大的审计，也要求财务公开。还有最重要的监督是媒体。如果媒体发现一个地方有一点漏洞，认为这个机构可能会出问题，就会一直追到把整件事情挖出来。媒体是很重要的监督机制，现在中国的社交媒体也开始发挥类似作用。另外，现在公众的捐款已经很难垄断，就是你让我捐给他，我不一定捐给他，或者我想别的办法，自己去做一点事情，这是通过市场调研得出来的一个重要结论。

从体制角度来讲，重要的还是回到最根本的东西：你的愿景、使命和价值。我很不愿意去评价国内 NGO，因为我不是在恰当的位置来做这个评估，我更愿意讲好的非营利组织是什么样子的。

师 A：我必须要说宣明会做得很成功，我很想让王超老师讲一下宣明会的故事。

师 B：宣明会的成功是因为它最初的故事，那个故事本身已经给这个机构埋下了非常好的种子，就是白玉的故事，也就是宣明会是怎么来的。这个机构跟中国有一定的渊源。美国军队里有一个随军记者，他会随时记录、撰写报告，同时在战乱中有人死掉的时候，他就用牧师的身份去帮助他们，这个人叫罗伯特·皮尔斯（Robert Pierce，1914—1978）。1947 年，他在厦门街上碰到一个小女孩叫白玉，觉得她很可怜，他想帮助小女孩，于是就把她送到孤儿院去，跟院长说这个白玉非常需要帮助，你们应该让她好好地读书、长大成人。院长说没有钱帮她，皮尔斯就把身上当时仅有的五美元给了院长，说你把五美元收下，然后你也把白玉收下，我回去以后，每个月会寄五美元给白玉。

皮尔斯回到美国以后，就跟很多人讲白玉的故事。当时二战刚刚结束，的确有很多战争遗留下的孤儿，非常贫穷，所以很多人觉得这个主意不错，自己也可以每个月给五美元。皮尔斯说这是一件非常好的事情，于是 1950 年创办了世界宣明会，给那些愿意给五美元的人提供一个载体，也让更多的“白玉”得到帮助。有趣的是，皮尔斯成立这个机构的时候，一个小小白玉的故事，他用了一个巨大的名字——世界宣明会（World Vision)，有一个全世界的愿景，这也反映了皮尔斯是非常有愿景的人。的确是这样，从 20 世纪 50 年代开始，宣明会帮助了很多战争孤儿。然后在 20 世纪 70 年代埃塞俄比亚大饥荒的时候，救了上百万人的性命。20 世纪 80 年代开始的儿童资助计划也是从白玉的故事衍生出来的。在我讲这个故事的时候，你们可以从里面提炼一下，一个成功的非营利机构在它起源时到底是什么东西埋下了成功的种子。

师 A：最后我回应刚才那位同学的问题，到底有没有好的案例？有一本书叫《免费午餐：柔软改变中国》，这是邓飞本人写的他和“免费午餐”的故事，请大家读读这本书。这是一个当下正在发展的公益筹款的精彩案例，当然它不只是筹款，还是一个非常成功的公益项目。

师 B：我刚才也想用这个例子。

师 A：这方面还有很多，大爱清尘、新浪微公益也是很不错的项目。大家看了这本书以后，就应该知道国内有非常好的团队、非常好的组织、非常好的项目。

大爱清尘基金

大爱清尘基金，源自 2011 年 6 月 15 日由著名记者王克勤联合中华社会救助基金会共同发起的“大爱清尘·寻救中国尘肺病农民兄弟大行动”。该基金是专项救助中国 600 万名尘肺病农民，并致力于推动预防和最终消灭尘肺病的公益基金。

我们这两次课介绍了三个内容：第一是营销，包括营销的基本概念，营销对非营利组织意味着什么，主要是从非营利组织的市场和客户的角度来讲的。第二是筹款，对非营利组织来说，筹款是它主要的资金来源。很多人可能会问非营利组织靠什么生存和发展？就靠社会、靠捐赠，当然捐赠不是唯一的资金来源，但是捐赠是获取公信力非常重要的标志，有了捐赠社会才会相信你，没有社会捐赠，也就对你提出了根本的质疑，我凭什么相信你？第三是项目运作和项目管理。在项目管理方面，我们成立了明德公益研究中心①，正在推动国内项目管理的专业化。比如宣明会和我们一起在做项目管理的专业培训，一年计划四期，反响相当不错。这是我跟大家介绍的基本概念和理论，看看这块还有什么问题？

生：营销、筹款和项目管理三者之间是什么关系？您说项目管理是项目运行的某个部分，营销和筹款也在项目管理里面吗？

师 A：项目管理对非营利组织来说，相当于企业的生产过程，就是投入产出的过程，所有的都可以纳入项目管理的过程。营销也可以变成一个项目管理，当然它是一个专业性很强的活动。筹款也是这样，它本身很难作为一个项目，但是某一项筹款活动就是一个项目管理，比如“饥馑三十”，而且它还可以进一步细分，比如今年的活动可以作为一个单独的项目进行管理。项目管理的特点是一个流程化、有始有终，乃至有明确投入和产出的过程。

师 B：刚才王名老师讲筹款与项目管理的关系，其实是一个价值链的两端，从人家把钱给你，到真正把这个事情做成，这中间有一个过程，而项目在里面是极端重要的。

师 A：本课的期末考试是写项目策划书，结合你选取的主题，比如雾霾、留守儿童、失独家庭、空巢老人等，以一名非营利组织的负责人的身份，围绕营销、筹款和项目管理三项核心业务，按照要求写一个策划书。

大家还有没有其他的问题？没有的话，今天的课就上到这里，谢谢。

---

① 明德公益研究中心，由清华大学、中国残疾人福利基金会和世界宣明会中国办事处共同发起，于 2012 年 11 月正式成立。该中心旨在整合三方优势，推动公益项目的实践研究与应用推广，搭建公益项目共享平台，增强社会组织的公信力，推动社会组织的能力建设。

复习思考题

1. 项目管理在非营利组织战略中处于什么样的位置?

2. 假如你是一家非营利组织的项目官员，策划一个支持贫困地区儿童福利的项目，并尝试撰写一份项目策划书。

3. 项目管理过程包括哪些关键环节?

本章参考文献

［美］罗杰·G·施罗德. 运作管理：运作职能中的决策. 北京：北京大学出版社，香港：科文（香港）出版有限公司，2000

王名编著. 非营利组织管理概论（修订版）. 北京：中国人民大学出版社，2010

王超主编. 项目决策与管理. 北京：中国对外经济贸易出版社，1999

第7章 非营利组织的财务管理与税务管理

7.1 基本原理

财务管理与税务管理是非营利组织管理的重要内容，都涉及非营利组织的财务效率及规范性问题。在本课的教学安排中，我们将财务管理和税务管理放在一起，强调要高度重视非营利组织的财务效率，建立高效且规范的财务与税务管理系统。

7.1.1 非营利组织的财务管理

财务管理对非营利组织至关重要。一个优秀的非营利组织首先要有一个高效、透明、规范并保障组织可持续发展的财务运行与管理系统。

1. 财务管理的功能

财务管理的主要功能可概括为八个方面：体现宗旨，防止腐败，提高效率，促进营销，提高公信力，增加收入，监督组织运作，预防危机。

2. 财务管理的目标

对于非营利组织来说，财务管理的首要目标应是组织的稳定和长期发展，借此才能实现组织的宗旨并履行其对社会和受益人的责任。

3. 财务管理的主要内容

非营利组织的财务管理包括三个基本的层次：会计、狭义的财务管理、财务预算与审计。

（1）会计。

会计是财务管理的基础，是非营利组织不可缺少的一种管理工具。

非营利组织会计包括财务记录和财务报告两个大的部分，主要以货币的形式记录一个组织过去所发生的财务收支，并对这些收支数据进行分类、汇总，以财务报告的方式传递和报告组织的财务信息。根据财务报告的种类和性质，即会计信息服务对象的不同，会计通常分为财务会计和管理会计。

非营利组织设计其会计系统有四项基本要求：

第一，统一会计格式。我国非营利组织的会计核算应以权责发生制为基础。

第二，分类会计事项。非营利组织的会计核算应当遵循重要性原则。

第三，明确定义科目。非营利组织的会计科目包括资产、负债、净资产、收入、成本和费用五大项。

第四，设立会计程序。会计程序有三个基本原则：一是责任分散，二是层层负责，三是管理的文书化或格式化。

财务记录是会计活动的基本内容，主要包括：原始凭证日记账、过账和对账、结账。

财务报告是反映非营利组织财务状况、业务活动情况和现金流量等的书面文件。非营利组织的内部管理者与外部相关者主要通过财务报告来了解组织的运行状况和效率。

按照报告周期的长短，财务会计报告可分为年度财务会计报告和中期财务会计报告。以短于一个完整的会计年度的周期（如半年度、季度和月度）编制的财务会计报告称为中期财务会计报告，以整个会计年度为基础编制的财务会计报告则称为年度财务会计报告。

财务会计报告主要由会计报表、会计报表附注和财务情况说明书组成。其中，会计报表包括资产负债表、业务活动表和现金流量表三种报表。

（2）财务管理。

狭义的财务管理是指根据财务资料、财务报告分析组织的经济行为并预测未来，包括成本分析、投资管理和财务分析三大环节，它们构成广义非营利组织财务管理的核心。

成本分析是非营利组织全部活动的基础，在明确的成本分析前提下，组织才能设计筹款计划、营销策略、项目受益面等重要内容，成本分析使组织运作的各项成本一目了然，使成本控制有章可循，有助于降低成本，提高效率。选择成本的计量单位是一个先决条件。四种常用的服务计量单位是：第一，受益者数量；第二，服务种类；第三，服务数量；第四，服务时间。

为确保组织的稳定和可持续发展，非营利组织也要进行投资管理。所谓投资管理，指的是如何应用营运资金、固定资产及年度节余去投资，使资产增值。非营利组织投资管理有三个基本原则：一是安全低风险，二是有一定的投资回报率，三是保证基金的增值。

纵向分析和横向分析是财务分析的两种基本方法。纵向分析又称动态分析或趋势分析，是根据连续几期的财务报告，比较前后期各项目的增减方向和幅度，从而揭示财务和经营上的变化与趋势。横向分析又称静态分析，是将同一期财务报表上的相关数据进行比较，以说明财务报表上所列项目之间的相互关系。

财务分析有四种常用的指标：比率指标、动态趋势、百分比、差异指标。

（3）财务预算与审计。

制定财务预算对于非营利组织的正常运作非常重要。理事会对此负有重大责任。一个非营利组织制定出“好的预算”，需要有三个基本条件：组织的状况要稳定；要有好的会计系统；预算要纳入计划和决策之中。

主要的预算编制方法包括：1）递增预算法；2）项目预算法；3）零基预算法；

4）弹性预算法。

外部审计是指由注册会计师给出审计意见书。外部审计能有力地向外界展示组织的财务状况，对于提高组织公信力十分重要，也有助于组织内部财务制度的完善。在必要情况下，非营利组织可考虑开展外部审计。

7.1.2 非营利组织的税务管理

税务管理是非营利组织管理的一项重要内容。通过税务管理，非营利组织既可争取享受包括减免税在内的优惠政策，又可降低组织的运作管理成本，提高财务管理水平，进而提高竞争力。

1. 非营利组织与税务管理

非营利组织税收优惠政策的法理基础包括：传统辅助理论、资本结构理论、利他主义理论、税基主义理论、捐赠理论等。

非营利组织只有在完成非营利组织免税资格认定、企业所得税减免税备案、年度汇算清缴附送相关资料三个过程后，才可享受相关税收优惠。

在国际上，非营利组织的税收优惠政策主要包括三个方面：第一，非营利组织本身的税收减免；第二，企业向非营利组织捐赠的税前扣除；第三，个人向非营利组织捐赠的税前扣除。目前我国对非营利组织的税收优惠政策基本上涵盖了向非营利组织征收的各主要税种，但除所得税外，其他税种的优惠程序尚待完善，实行税收优惠制度的主体尚未考虑大量草根非营利组织，法律法规执行效率较低，这些问题都有待从政策上逐步完善。

非营利组织税务管理是在遵守国家税法、不损害国家利益的前提下，充分利用税收法律法规为非营利组织提供的免税资格、税前扣除资格、减免税在内的一切优惠政策，达到少缴税或递延缴纳税款，从而降低税收负担，实现税收最小化的管理活动。

税务管理与非营利组织战略管理、财务管理之间既相互联系又有区别。税务管理的目标主要有三：准确纳税，规避风险，价值增值。

2. 税收筹划

税收筹划是非营利组织进行税务管理的核心，是指在遵守国家税收法律法规、不损害国家利益的前提下，通过合理筹划，选择合适的运作方式，实现税赋最低。

税收筹划的本质有四个方面：事前性、合法性、可行性、多维性。

税收筹划的基本流程包括：非营利组织的基本情况与需求分析，相关财税政策分析，非营利组织纳税评估与分析，税收筹划方案设计，税收筹划方案绩效评价。

税收筹划的运作平台包括：价格平台、优惠平台、弹性平台、规避平台、技术平台等。

7.2　课堂对话

7.2.1　非营利组织财务管理的功能

师 A：今天这堂课我们来谈一谈非营利组织的财务和税务管理，首先问王超老师两个问题，作为非营利组织的管理者，你怎么看待财务在整个非营利组织中的地位和作用？另一个问题是：如果把财务和税务结合起来，这是一个技术过程还是一个战略管理过程？

师 B：在我看来，财务和人力资源是非营利组织管理中非常核心的内容，关系到这个机构的生存、成长和发展。对于任何一个非营利组织的领导者和管理者来说，都会把财务和人力资源管理放在非常重要的位置。

财务管理本身是非常专业的领域，非营利组织的管理者和领导者未必是财务管理方面的专业人士，但是了解一些基本的财务知识和用财务管理的视角来看待机构的运营情况，是十分重要的。比如资产负债表告诉你机构整体的财务状况；年度财务预算会涉及这一年的财务收支情况；预算虽然挺复杂但也非常关键，从中可以看到整个支出的结构，特别是对于那些面向公众筹款、要对捐款人负责、接受问责的非营利机构来说，预算非常重要，它反映了未来每个季度的财务支出情况。另外，根据每个季度财务的进度表，你可以追踪整个机构的资金和运营情况，确认项目运作是否按照预算来进行，这些基本反映了整个机构运作的情况和水平。

其实从管理和领导的角度来看，真正的财务管理具有强烈的战略性。我们通常会把预算和战略规划放到一起来看，当你看整个机构的支出结构时，要看它是否真的反映了机构的战略方向，而这主要是看这些资金的使用、资源的配置是否跟机构的战略方向和战略目标相匹配。还有一点是财务控制，我们后面有很多内容会涉及财务的风险管理。

7.2.2 非营利组织的财务控制

师 B： 对于管理者来讲，应从以下几个方面来把握财务：首先是整个机构的财务状况；其次是财务支出结构是不是跟机构的战略方向相匹配；最后是财务预算和支出进展是否按照计划进行。把握整个机构的支出与预算之间的关系，不仅反映了运营机构的能力，也体现了机构对某些活动支出所做的承诺，而这关系到问责与公信力。

师 A： 前不久我在民政部参加慈善立法的讨论，《慈善法》与非营利组织关系非常密切，这里面很重要的内容就是如何实现规范、有效的财务运行。其中涉及的一些基本指标目前还在讨论中，比如行政成本控制的比例，大家的意见比较一致，觉得要求慈善组织的行政成本控制在年度支出的10%以下太苛刻了。理由跟我们上次讲到的薪酬有点关系，如果控制在10%以下，薪酬就很难达到一定的水平，也就没有办法招聘优秀的专业人才。

另外还有一个是公益事业支出比，公募基金会不得低于上一个年度总收入的70%，而非公募基金会不得低于上一年基金余额的8%。现在大家基本上是建议能够跟美国的拉平，美国是5%。这是什么概念呢？就是高于银行长期存款利率，也就是你必须有资金运作，如果没有运作，你的本金就会不断被销蚀。银行存款是不可能达到8%的，现在定期存款利率估计能够到3%、4%。

请王超老师介绍一下宣明会或其他国际非营利组织是否也对一些指标做出刚性的规定？

师 B： 这种比例的控制当然非常重要，尽管这些国际机构没有刚性规定具体严格的比例，但是它也的确是反映运营能力和效率的非常重要的指标。一般来说，即使你不这样规定，所有的非营利机构也会尽量压低它的行政成本。在财务上有非常专业的方式来计算，哪些是真正的管理成本，哪些是直接或间接的项目支出。而且公众也会去比较不同的机构，到底它的行政成本各是多少。其实也未必最低的那一家，就一定获得最高的公信力，因为这还涉及你本身从事的活动和项目的特征，有些项目是人力成本较高，有些是资金量很大、人力成本偏低。另外，最重要的指标其实是你的机构和你的项目是否达到甚至超出公众所期待的效果。

师 A：讲到财务控制的时候，刚才你提到行政成本，有没有这样一种说法，即从管理者和领导者的角度，有些开支是消费性的开支，有些可能是生产性的、建设性的、投资性的开支？

师 B：对很多非营利机构来说，它们的预算中用于机构发展（organization development）的叫作战略性投入或投资，特别是在做战略规划的时候，基本上对整个形势和机构的发展有个判断，比如机构规模会扩大，需要引进或设置某些部门或职能，这样产生的投入跟战略方向要相一致。

有一点值得非营利组织的管理者注意，有些投入可能需要找一些特别的资金来用。如果你是面向公众筹款的机构，将公众的资金放在里面，这只能算是你的运营成本，而这样做对于非营利机构将是很大的挑战，因为它只有维持相对低的管理成本，才能获得公众支持。然而，机构也的确需要一些战略性投入，因此某些机构有一些投资性的收入，然后用这方面的资金来支出会好一些。但是对于以公众筹款为主的机构，或是以资助为主的机构来说，这些战略性投入只有达到一定规模后才可以做得到，而且它的预算和需要达成的目标都是非常清楚的，比如要进行系统更新，引进新的员工或提升某个领域的能力，通常都会以运营成本的名目来投入。

师 A：所有的非营利组织都会面临一个问题，特别是对资金规模比较大的组织而言，资金从接受捐赠到使用之间有一个时滞，在这个过程中如何保值、增值，宣明会这个全球的大型募款机构是怎么做的？

师 B：宣明会跟很多机构不一样，因为它的筹款和项目支出是同时进行的，原则上采用一种"零和预算"的方式，基本上筹多少钱，就用多少钱。它每次的募款，都会承诺在多长时间内使用出去。它的运营跟基金会运作不一样，它对项目预算和支出的追踪很严格，一旦出现 10%以上的预算差距就会被要求做出很强的解释。

另外，从财务风险角度来讲，也希望资金尽快用出去，如果这个季度要支出 100

万元，钱在这个账户上的时间越短越好，从资金管理角度来讲，也比较安全。每年也会遇到这样的问题，原来计划支出100万元，实际用掉80万元，有20%的剩余，这部分剩余资金反而会向你问责：为什么没有用掉。这部分资金有可能带入下一年，也有可能是捐赠者把它收回去。这也是财务问责中很重要的一方面，即你需要告诉捐款人，什么原因导致少支出这么多。当然还有超支的情况，不过通常很少。

7.2.3 非营利组织的财务分析

师A：我先介绍一下我国非营利组织财务和税务管理的现状与问题，包括政策上一些基本的安排，然后请王超老师介绍一下，宣明会在财务和税务管理方面一些主要的做法，尤其是财务方面相当不错的做法。

总体上，中国的非营利组织的数量不算少，发展的历史也不算很短，但是在组织运作管理的规范程度方面还存在很多问题，所以还处在一个起步阶段。尤其是最近这几年连续在财务管理环节上出现问题，比如"郭美美事件"，以及对于嫣然天使基金的质疑都跟这有关系。

嫣然天使基金事件

嫣然天使基金于2006年11月21日在中国北京成立，是由李亚鹏、王菲发起的具有公募性质的专项公益基金，以救助家庭贫困的唇腭裂患者为主，同时开展与唇腭裂治疗和救助相关的公益项目。同时，嫣然天使基金是中国红十字基金会倡导实施的"红十字天使计划"的重要组成部分，受到中国红十字基金会的监督、管理及支持。

2014年初，网名为"落魄书生周筱赟"的网友在网上实名举报，称嫣然天使基金存在黑幕，唇腭裂人均手术成本超高，基金会至少7 000万元善款下落不明，涉嫌利益输送等。对此，嫣然天使基金发表回应，称周筱赟的质疑并不存在。李亚鹏也以私人身份回应，称举报有很多不实之处。8月，民政部民间组织管理局公布了针对周筱赟举报嫣然天使基金这一事件的调查结果，嫣然基金会的主管单位中国红十字会总会就举报事宜进行了核查，红总会又委托会计师事务所进行独立专项审计，并没有发现周筱赟所举报的种种问题。

从大的背景来说，这些事件跟社会的关注度有关系，公众对非营利组织普遍有一种不信任感，同时跟媒体的“扒粪”也有关系。对于媒体推动非营利组织公开透明的发展，我总体上还是很乐观的，持非常积极的态度。2008年以来我国的公益慈善事业有着很好的发展形势，2011年以后出现很多问题，我们要“感谢”郭美美，是她引起了公众关注，使得公众对非营利组织特别是其财务运作过程产生质疑和不信任，这其实推动了非营利组织公开透明化，以及一些公信力方面的制度建设。但是从具体运作机构来说，在募款、运作管理，以及开展活动和项目方面，现在还面临着很多困难。

回过头来说，先不论外部环境、制度上存在的问题，非营利组织自身在财务运作上是存在问题的。财务规范化的过程是从2005年开始的，在这以前非营利组织没有统一的财务管理制度，社会团体、基金会、民办非企业单位的财务管理都是参照事业单位的管理制度。2005年财政部出台了《民间非营利组织会计制度》，这是一件具有划时代意义的事情，明确给出了非营利组织应当遵循的一些财务管理的基本原则和制度安排，所以现在非营利组织的财务制度既不同于企业，也不同于事业单位，它是相对独立的财务管理系统。总体而言，非营利组织自身的财务规模还是非常有限的，绝大多数非营利组织的财务状况是收支相抵、略有盈余的格局，但还有相当一部分很难实现自身的可持续发展。

非营利组织的收入这几年增加了一些。一般来讲，在2005年以前主要是组织自身开展项目的一些盈余，另外境外提供的资助也是很重要的资金来源。小型的草根组织往往靠项目运行，其中来自政府的钱也非常有限。我们做过这方面的调查，政府提供的资金在2005年之前占的比重非常低，大概7%以下，而且这个比例还要平均到不同类型的非营利组织上去。相当一部分钱是自我运作，所以你会看到很多非营利组织有一定的盈利企图，但是它的核心竞争力有限，所以盈利规模也非常有限。

基金会中有一部分是公募的，但是它募集来的资金基本上采取的是自我运作，很少采取资助的方式给其他组织开展项目，所以我们可以看到青基会、扶贫基金会、妇女发展基金会①，以及红十字基金会的规模都很大，它们相当一部分的团队是在运作项

① 中国妇女发展基金会成立于1988年，隶属于中华全国妇女联合会，是在民政部登记注册的全国非营利性社会公益组织。其宗旨是：提高妇女素质，促进妇女和妇女事业发展，为构建和谐社会做出应有的贡献。自成立以来，通过向国内外企业事业单位、社会组织和个人募集资金与物资，创立“母亲水窖”、“母亲健康快车”、“母亲小额循环”等多个公益品牌，在妇女发展、健康、教育、培训、扶贫和救灾等多项公益活动中，做了大量卓有成效的工作。

目，是一种募集资金然后自己直接消化的体制。

2005年以后情况发生了一些变化，第一是政府开始提供资金支持，如上海比较早开展政府购买服务，这几年来自中央和地方各级政府的购买服务资金，逐渐成为一些非营利组织很重要的资金来源，尤其是服务性组织所占的比重有明显提升，这是很好的方面。

第二是来自国内的基金会、企业，以及一些跨国公司在中国境内用于资助非营利组织的资金比重也在明显上升，特别是2008年以后总量上有一个很大提升，然后相当一部分经费通过各种渠道进入了非营利组织。其中有一个很重要的部分，有一些基金会从原来的运作型开始转向资助型。

第三是有一些非营利组织开始尝试市场化运作的方式，所以它经营性的收益比重也有所增加。

随着金融危机的发生，以及我国整体国力的提升，境外提供的资金在总量上和单个项目上占的比例都有所下降，所以总体上近几年来非营利组织的资金来源开始呈现多元化的趋势。

财务管理很重要的目标是实现可持续发展，特别是形成一种比较稳定的、可持续发展机制。目前这种组织还不是很多，原因就是这样一种多元化格局不是非常稳定，有些组织获得了来自政府购买服务的资金，但是占的比例过高。相比之下，欧洲和美国非营利组织的资金来源中，政府占的比例一般稳定在1/3。如果参与政府购买服务类的组织，其资金来源中政府占的比例很高，达到80%或90%的话，就会过度依赖政府的财政支持，而政府购买是以年度为单位，不能保证每一年都能获得政府的资金支持，所以可持续性还是存在问题。

这是非营利组织财务运行的状况，有一些问题正在逐步改善，另外也有一些问题跟管理体制、相关法律法规没有及时跟上有关。

7.2.4 非营利组织的税收政策

师A：这几年，非营利组织税务管理方面总的制度环境有了很大改善。跟非营利组织相关的税收政策主要涉及以下三个方面：

第一个方面是非营利组织自身运行收益的税收减免，包括它的所得税、营业税、增值税的相应减免，这方面的政策改进不是非常明显。

第二个方面是企业对非营利组织捐赠的税收减免。这方面从 2010 年以后有很大改进，现在企业对非营利组织开展公益活动进行捐赠的税收减免幅度还是比较高的，企业当年年度利润总额的 12%以内可以享受税收优惠，在这个范围内 100%的税前扣除，一个企业一年的捐赠一般不会超过它利润的 12%。这项政策 2008 年开始实施，发挥的作用挺大，效果非常明显。

企业公益性捐赠税前扣除

《中华人民共和国企业所得税法》于 2007 年 3 月 16 日第十届全国人民代表大会第五次会议通过，2008 年 1 月 1 日起施行。其中第九条规定：企业发生的公益性捐赠支出，在年度利润总额 12%以内的部分，准予在计算应纳税所得额时扣除。

第三个方面是个人捐赠的税收减免。个人捐赠在个人当年收入的 30%之内，通过申请，经过相应程序可以获得税收减免，这个程序稍微复杂些。每个人对非营利组织的捐赠都应该获得税收优惠，但是没有多少人申请。有专家曾经尝试申请过，结果发现程序非常复杂，大概要花半年时间，也没减免多少钱。

个人公益性捐赠税前扣除

2011 年 7 月 19 日，《中华人民共和国个人所得税法实施条例》进行了第 3 次修订。根据该条例第二十四条规定：税法第六条第二款所说的个人将其所得对教育事业和其他公益事业的捐赠，是指个人将其所得通过中国境内的社会团体、国家机关向教育和其他社会公益事业以及遭受严重自然灾害地区、贫困地区的捐赠。捐赠额未超过纳税义务人申报的应纳税所得额 30%的部分，可以从其应纳税所得额中扣除。

现在程序规定还不太合理，但是就企业捐赠和个人捐赠税前扣除的规定，在国际上还算比较先进。很多非营利组织可以享受税收优惠待遇，特别是企业捐赠的税前扣除，其中基金会百分之百可以享受，民办非企业单位有些可以申请，社会团体有一定的困难。正在讨论的《中华人民共和国慈善法》草案，在税收优惠上有一些更积极的举措，这对于改善非营利组织的财务状况应该是很有利的。

现在很多非营利组织都存在享受政府税收优惠的问题，因为相应的税收优惠的条款比较复杂，有的关于收入，有的关于捐赠的减免税，有的涉及开展一定活动的税收减免。从税务管理的角度，如何有效利用各种合法的税收优惠？请王超老师介绍一下国际上的做法。

师 B：在境外比较成熟的非营利组织，所有捐赠只要提供票据都能享受免税，无论捐赠多少，比如每个月捐 200 元或 300 元，都可以拿过去申报。

对于非营利组织来说，如果财务上没有收入，通常也不存在税收问题。在香港，所有非营利机构都是按照有限公司来注册的，但可以申请免税资格，这样所有的非营利活动都不收税，每年相关部门进行一些审核，审核机构到底做了哪些活动，其中是不是有商业或盈利活动。当它获得了这个资格的时候，所有捐赠进来的东西就是免税的。免税很重要的一条原则是，项目支出一定是用于该机构规定要做的事情。

师 A：有些服务性收费实际上是收入，比如提供养老服务，或是针对会员开展服务而收取的费用。还有一种可能是由一些固定资产带来的收益，比如出租房屋等。

师 B：这部分收入，最重要的是你不能把它变成分红，实际上这是要作为机构的收益，最终机构所有活动的支出都是用于公益活动。这一点非常重要，也会有相关部门来审核。

师 A：香港这方面比较健全，我们现在很多机构会遇到这样的问题，一些本来是作为机构的收入，并且也用于跟机构宗旨相一致的活动，但是它仍然需要缴税。

师 B：这个不太合理。在香港，每年非营利组织的监管机构会来询问，要求填写一些表格，表格内容主要是今年做了哪些活动，这些活动是不是商业活动，或者你有收入的时候，整个机构的支出情况是怎么样的，会不会有利益输送到机构法人或相关人等，会有专门的规定和程序在这些方面进行控制，整体来讲是比较成熟的监管体系。

7.2.5 非营利组织财务与税务管理的原则

师 A：相比发达国家和中国港台地区的非营利组织，中国大陆的非营利组织的财务运行状况还存在很多问题，这些问题的改进不仅需要非营利组织在财务管理方面做出努力，也非常有必要改善制度环境。

公益慈善事业是一个相对容易受到伤害、非常脆弱的行业，做好事的时候大家都觉得没有问题，一旦出了一点问题，社会就会强烈质疑，所以需要建立一种包括非营利组织、政府、社会在内的危机应对体制。现在缺乏这样一种体制，出了问题后，当事人、涉事的组织乃至整个社会都没有以正常的心态去对待它，这往往对公益慈善事业带有很强的破坏性。在这方面媒体也有一定责任，我们希望媒体能够成为维护和推进中国非营利组织、慈善事业发展的积极力量，但有时候它的破坏作用不能忽视。这几年出现的很多情况，比如嫣然天使基金等引发的质疑，其中新媒体起了一定的作用。所以，形成一种良性、宽容、建设性的慈善和公益文化非常重要。

我一直非常不解的是，宣明会的资金规模这么大，而香港记者“扒粪”能力又非常强，为什么就“扒”不出什么东西来呢？2013 年宣明会 8 亿元的规模是一点点募捐出来的，而且没有出现问题，反观内地很多机构是大额捐赠，结果出现一大堆问题，这确实跟它的财务运作、财务管理，以及危机应对体制有关，当然跟组织的运行效率、公益理念也有关系。我觉得宣明会能做到这个程度真不容易。我们请王超老师介绍一下。

师 B：依我看没有没问题的机构，各个机构都有自己的问题。但有一些非常核心的问题，或者致命性的问题是不能触犯的。对于中国的公益机构来讲，非营利组织还是比较弱势的一个群体，挺容易被打垮。我感觉到媒体有时会把捐款人放到道德高地上，其实捐款人和使用这些捐款的人是一样的，就是你拿钱出来去帮助人家，如果人家不接受你的帮助，那也是挺大的打击。

还有一点，公益是很专业的领域，需要专业知识和职业化，不是所有的志愿者或者义工都能去做的，这也是需要成本的。比如在香港，社会工作是非常专业的职业，已经非常职业化，它的收入水平也相当不错。虽然社工跟公益慈善有着非常紧密的联系，但人们往往有另外一种心理，认为做公益慈善的人必须什么报酬都不能拿，实际上这跟专业化本身是矛盾的。在整个社会里面，对慈善应该要有一个比较客观的认识。

另外一个趋势，就是香港所有的慈善机构，或者非营利机构管理的专业化、组织化程度，已经完全可以跟商业机构媲美，特别是一些大型机构更是如此，所以它们需要一些非常专业的高级管理人才。不管是中国香港，还是一些发达国家的国际机构，它们高管团队的背景已经跟那些大型跨国公司没有太大差别，它们的高管也有很多就是来自那些非常著名的营利机构，这种专业化的趋同性是非常强的，因此在危机管理方面，特别是公共关系和媒体的危机管理方面也越来越专业化。

我对“郭美美事件”提一点自己的看法。当社会发展到一定程度以后，到达一个特定的社会环境，一个事件可能就是导火索，点燃了公众对于非营利机构透明性方面的要求，但是也存在着一些其他原因，比如被击中的那些机构，在处理公共关系方面的不专业，使很多东西被放大和发酵等。当然，这是很多原因造成的，但根本上是本身的不透明和财务管理方面的问题。

对一些成熟的机构来讲，它有一整套财务管理系统，这套系统实际上是多年来不断累积，不停演进，最后才相对成熟的，并且它有一整套财务监控的手段和审计的安排，比如所有项目两年之内一定要有一次审计，既有内审，也有外审，然后还有所有内控的评估等。另外，所有财务的制度，比如采购、审批过程是非常烦琐的。在“郭美美事件”之前，我们收到的合作伙伴最多的抱怨就是你们要求的程序太烦琐了，然而在这个事件以后，抱怨的情况就开始改变了，因为原本就应该是这样的。

尽管有一些非常琐碎的要求，但是在香港，这已经是非营利组织的一种文化，没有人去挑战这些要求。在内地，很多公益机构则错误地认为又不是那么严格，干吗要给自己搞那么多名堂出来！这与香港有很大的差别，内地的这些机构会挑战这些要求，然后尽量绕过去，但是当问题来的时候，这些就会是致命性的打击。公众在挑战你的时候，你若没有按照财务规则来做，原来所有的公信力就会被击破。我不能说宣明会完全没问题，但是有一点，就是大家不会去挑战财务规定。

从另外一个角度来讲，要有一个非常重要的观念转变，严格遵守财务制度规范不是在给我找麻烦，而是在保护我，这里面有它的道理。而现在社会媒体的杀伤力很大，“郭美美事件”就是在社交媒体上面曝光的。当问题出现的时候，对机构的破坏也同时出现了，所以让自己变得非常规范特别重要，就是所有的程序都是按规定走的。尽管有时候看起来很可笑，但对于机构来讲，的确是非常重要的一种保护。因为所有的财务手册、规定、审计的要求，还有购买的程序等，都是从很多次教训中得出来的，一定要让整个过程变得尽量严谨。

对于财务制度和规范，我们不应该去挑战它，并且需要整个机构从上往下无条件执行；这种无条件的执行可以慢慢形成一种习惯、一种文化，你把它看成一种原则很重要。

有一个非常好的比喻。大海中的船是可以移动的，但是灯塔不能动，如果灯塔动了意味着什么？所有的船都会陷入危险。灯塔对于船来说是十分重要的东西，就是相当于非营利机构中那些十分重要的原则。你不能在原则上让步，所以在成熟的机构里，做事时会先设定一个共同认可的原则，但我们很多时候会在原则上让步，一旦让步以后，所有事情就会变成灾难性的。

师 A：一些组织的领导人可以轻易改变原则，最后就把财务管理人员推到对立面上去了。刚才王超老师讲到了，这实际上跟制度设计有关系，因为没有明确非营利组织财务运行的根本原则。在这个过程中，如果经常在原则上让步，那么财务人员就无所适从了，这时候财务人员有一个基本的保护自己的办法，就是把所有可能的证据保存下来。

非营利组织的底线应该是它的基本原则，只有让财务人员去遵守原则，而不是去听从领导人的要求，这个组织才能行驶在正确的方向上。有些组织出了问题，采取一种大事化小、小事化了的做法，但这实际上损害了非营利组织和公益事业的公信力。宣明会没有出现这种情况吧，比如财务人员携款离开，或者财务人员把你的财务过程向社会公开？

师 B：从财务来讲，即使真有人员要携款逃跑，他也带不了多少款，因为整个财务管理里面没有太多现金可以让他带走，所以他就不值得了。在我们的资金运作里，钱可以闲置的时间非常短，这是很重要的财务指标，也是很重要的风险管理。

当然，在组织架构里面，财务是比较独立的一块，它自己有一条线。老板说什么，财务人员就一定要那样去做，这是不可以的。财务人员比老板厉害，老板没有太多机会可以在财务上自己做决定，这也是宣明会一个很重要的文化。而且财务人员不难做，对他们来讲，不符合规定就是不符合。因此，非营利组织财务的相对独立性是一个很重要的原则。

师 A：财务问题对组织的杀伤力非常大，一个是财务管理的一些漏洞和问题，另外还有一些制度原则不是非常清晰，还有一个是公开透明的问题。现在为什么一再强调公开透明？很多事情公开透明了，问题就比较容易暴露，也就比较好解决。

师 B： 解决方法其实很简单，请外面的人来做几次审计，然后让大家都知道就可以了，而且机构也会学习到如何正确地花钱以及审计的具体流程（见图 7—1）。

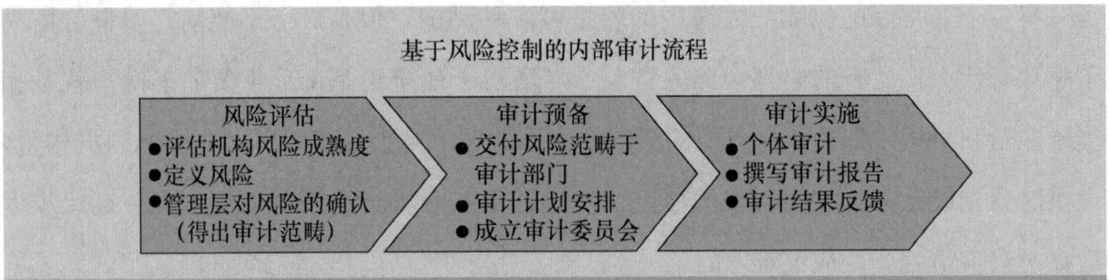

图 7—1　非营利组织审计流程

师 A： 我上次提到过一本书叫《免费午餐：柔软改变中国》，建议大家尽量读一读。它有一个非常简单的道理：透明公开，公益就是战无不胜的。“柔软改变中国”，这个“柔软”是人内心的一种公益精神，“免费午餐”做到的主要就是这一点，正如发起人邓飞所说：既然是做公益，为什么不能公开透明？

“免费午餐”是中国公益发展过程中的一个奇迹，这几年整个中国公益事业面临着非常大的公信力危机的考验，但是“免费午餐”建立了一个公益帝国。当然它也有很多创新的做法和机制，包括使用移动互联网技术做的一些探索等。从“免费午餐”、微公益，到现在网络上新公益的探索，我们都可以看到一种希望，其实财务管理不是很复杂，就是把公益做到阳光下，在一定意义上很多问题就迎刃而解了。

师 B： 这些财务问题或者其他一些丑闻，在新媒体时代变得越来越具有挑战性，因为新媒体时代最大的特点就是人人都是记者，谁都可以爆料，没有机构会有被免于爆料的可能性。但是非营利机构应对的唯一法宝就是，要有越来越严格的制度规范和基本原则，包括我们刚才讲的透明原则，这样就会形成以原则为中心的管理和领导模式。基本的原则比较重要，比如透明的原则。

师 A： 好的，今天的课就到这里。谢谢大家！

复习思考题

1. 非营利组织财务管理的目标是什么？如何理解它？

2. 非营利组织的财务管理与营利组织有何不同？

3. 公益事业捐赠有哪些税收优惠政策？

4. 非营利组织健全的财务管理需要遵循哪些原则？

本章参考文献

财政部会计司编写组. 民间非营利组织会计制度讲解. 北京：人民出版社，2005

[美] 厄尔·威尔逊等. 政府与非营利组织会计. 北京：中国人民大学出版社，2004

姜雅净，樊晶玉，潘颖编著. 民间非营利组织会计. 上海：上海财经大学出版社，2009

金锦萍编著. 社会组织财税制度. 北京：中国社会出版社，2011

第8章

政府购买服务及其管理实践

8.1　基本原理

政府购买服务即政府向非营利组织购买公共服务，是近年来非营利组织面临的新课题。随着政府购买服务的发展，如何有效参与这一过程并加强自身能力建设和管理，成为非营利组织管理的重要内容之一。在本课的教学安排中，我们特设专章讨论这一问题，突出强调非营利组织参与政府购买服务的重要性。

8.1.1　政府购买服务

1. 政府购买服务的概念、缘起与实践

政府购买服务有三种含义：一是政府转移给社会一些职能，相应地将预算转移给社会，这是改革意义上的购买服务；二是政府把应该承担的公共服务外包给社会组织，服务成本由政府承担，这是典型意义上的购买服务；三是政府把其自身所消费的一部分服务外包给社会组织，这是政府满足自身需要意义上的购买服务。本书是在第二种意义上使用政府购买服务的概念。

西方发达国家很早就有政府购买服务的实践，但现代意义上的、作为公共服务提供方式的政府购买服务是从 20 世纪 70 年代末 80 年代初兴起的“新公共管理运动”开始的。当时主要是福利国家体制造成“财政危机”、“信任危机”，逼迫政府改变公共服务的供给方式。

英国、美国、法国、德国、日本各国在政府购买服务方面的实践均有共性，但进入 21 世纪后逐步分化为两条道路：一是谨慎购买；二是拓展购买。

我国各级政府购买服务主要是近年来开始兴起。随着全面深化改革的进程加快，中央和地方各级政府都在倡导和推动各领域购买服务的开展，同时陆续从政策上出台有关购买服务的指导意见和规范发展的制度框架，积极探索政府向社会组织购买服务的制度建设。

2. 政府购买服务的原则、内容和流程

政府购买服务的原则包括：需求导向原则，必须准确把握公众需求；公益性原则，追求社会利益最大化，允许有限利润，不允许参与购买服务的非营利组织以盈利最大化为目的；独立性原则，保证非营利组织决策自主的治理和自治；公开、公平、公正的原则，购买服务的程序、方式、要求必须公开，并保障在规则面前组织平等和机会平等，不得歧视对待；竞争性原则，任何机构或者任何人不得违反法律、法规的规定以任何方式阻挠某类或某个非营利组织进入政府购买服务的市场；效率性原则，确保购买服务的资金使用效率，降低购买服务的单位成本；可及性原则，必须让受益人直接获得公共服务；禁止转包原则，必须由承担购买服务的社会组织直接提供服务。

政府购买服务的内容应符合三个条件：一是应符合公共服务的基本条件；二是适合通过市场化方式来提供；三是可以由社会组织来提供。

政府购买服务的基本流程包括：购买服务计划与目录的设计；合同类型和规模的确定；招投标程序设计；通知和发布；竞标者的资质确定；评标与风险的评估；品牌使用标准的确定；定价与议价；付款；不可抗力条件下的合同调整与替代方案的确定；绩效保障的落实；法律保障与争议的解决；保密原则与要求的实施；激励与鼓励；衍

生成果如研究成果的使用。

3. 政府购买服务的全过程管理

政府购买服务的全过程管理是指对发布目录、项目启动、招投标、服务提供的过程评估、问责和监管等每个节点进行控制管理，达至全面的质量管理。

4. 购买服务中应注意的问题

一是购买服务应与政府改革和事业单位改革同步推进；二是应当保持非营利组织的独立性；三是应防止采取事业单位拨款方式，防止内部消化；四是应防止购买服务中的利益关联，加强利益冲突的申报、监督和管理；五是应加强购买服务的招投标管理；六是应加强购买服务全过程的监管与问责；七是应加强购买服务的绩效管理。

8.1.2 非营利组织的服务供给管理

1. 非营利组织服务的特性

非营利组织在接受政府购买、提供公共服务时，必须提高服务的质量、有效性、可及性等。

非营利组织提供服务时应努力实现服务的规范化、专业化和品牌化。服务的规范化，亦即服务的标准化，是指社会组织提供的服务及服务提供方式应当满足政府、行业组织或本组织的一般性标准；服务的专业化是指运用专业的技能，以最优的效率，为受益人提供服务，并在此基础上形成非营利组织服务的供应链；服务的品牌化是指基于组织服务规范化、专业化形成服务的差异化，并通过品牌化加强组织和服务的识别度。

2. 非营利组织服务供给管理的主要措施

非营利组织服务供给管理的主要措施包括以下几点：

制度建设：建立相应的法律法规制度以规范非营利组织的服务供给。

数据库管理：建立提供服务的非营利组织的资质、类型、专长、信用、推荐人等数据库。

推荐机制：委托第三方对提供服务的非营利组织进行资质认证、能力评估等。

质量管理：制定服务的质量方针、质量控制、质量保证和质量改进方案。

风险管理：控制和防止非营利组织在进入政府购买服务领域和提供服务的过程中

可能发生的风险，以及做好发生风险后的处理预案。

绩效管理：对非营利组织提供服务所达成的阶段性成果及其服务过程中可评价的行为进行考核与评价。

8.2　课堂对话

师 A： 今天我们来讲讲政府购买服务的实践，日前我们完成了一个报告，即《社会组织承接政府购买服务的资质和目录》，大家有兴趣可以参考一下。我首先把今天课程的主要内容讲一下，然后请王超老师来讲香港实践的案例。

之所以想跟大家讨论一下购买服务，是因为不仅中央政府在这方面力度很大，地方政府的支持力度也很大，已经有很多地方政府出台了政府购买服务的相关文件，各级政府都把这件事情作为全面深化改革的一项重要举措。

师 B： 政府花这么多钱跟 NGO 合作，让 NGO 参与提供公共服务，那么，政府跟 NGO 是一种什么关系呢？

师 A： 我记得十多年前，在民政部在上海举办的一个研讨班上，我说政府跟 NGO 应该是合作伙伴关系，英文叫 partnership。有个官员马上就说这个不可能，政府和 NGO 之间是领导和被领导的关系，是管理和被管理的关系，怎么可能是合作伙伴关系?!

现在再来看，政府和 NGO 的关系已经非常明晰了，它们就是合作伙伴关系，而且我们现在讲购买服务，其实就是政府掏钱让 NGO 来提供一些公共服务，或是参与社会事务。此前政府对 NGO 的态度还是非常谨慎的，现在开始认识到，非政府组织是社会建设中不可缺少的一支力量，是推进政府改革、社会建设的一个非常重要的主体。政府跟社会组织的关系有了明显改善，也是中国 NGO 发展变化的重要表现之一。

8.2.1　政府购买服务的缘起

师 B： 能不能请王名老师讲讲，政府购买服务的缘起是什么？

师 A： 从世界范围来看，它跟国际上兴起的“新公共管理运动”有关。西方发达国家推进公共行政的绩效改革，政府自身在创新实践中逐渐意识到很多问题不一定非得由政府直接出面，通过第三方参与也可以得到比较好的绩效，进而得到公众认可。

新公共管理运动

新公共管理源于英国撒切尔夫人的政府改革，后来也影响了澳大利亚、新西兰等英联邦国家，并且在一定程度上影响了美国克林顿政府的改革，后来被统称为新公共管理改革。按照戴维·奥斯本和特德·盖布勒的概括，新公共管理主要有十个方面的特征：起催化作用的政府：掌舵而不是划桨；社区拥有的政府：授权而不是服务；竞争型政府：把竞争机制引入提供服务中去；有使命感的政府：改变照章办事的组织；讲究效果的政府：按效果而不是投入拨款；受顾客驱使的政府：满足顾客的需要而不是官僚政治的需要；有事业心的政府：有收益而不浪费；有预见的政府：预防而不是治疗；分权的政府：从等级制到参与和协作；以市场为导向的政府：通过市场力量进行变革。新公共管理是公共管理领域里的一种思潮。

这个过程开始于20世纪70年代以后，大家经常举的例子就是撒切尔夫人的民营化、私有化过程。这个过程实际上把一些公共部门推到了市场，跟我们现在有些领域的改革比较接近。然而把一些公共职能推向市场以后也会带来一些问题，有些职能是不能由市场机制来直接承担的，所以民营化或者私有化的过程会很曲折。推向市场以后，发现还得有一种公共的机制去运行，比如某些城市公共设施、公共服务可以由市场化机制的企业运行，但有些不能直接由市场化运作，特别是在公共性比较强的一些领域。在这个过程中就出现了一种新的机制，把公共服务委托给一种非营利的、有一定公共性的、有一种内在约束和治理系统的主体，而政府则作为发包方和监督方，提供一些条件和资金支持，进行必要的监督和问责，最后的结果是让纳税人受益。

这是一个比原来由政府直接提供公共服务更加复杂的系统，当时有一种机制叫第三方政府，后来更多的是用服务外包的概念来解释这种现象。这种现象在美国、日本等很多发达国家越来越流行，就是把很多领域的公共服务转包或者外包给非营利组织。对于政府来说，这个过程在一定意义上是卸包袱，政府把直接服务改成间接服务，同时也是提高公共服务效率的过程。

对于非营利组织来说，政府购买服务具有以下几点好处：第一，这是它进入公共服务的机制，可直接进入原来由政府提供服务的一些公共领域；第二，这是非营利组织获取公共资金的渠道，它可以直接或间接地获得一部分来自财政的支持；第三，可以提高非营利组织的专业化程度。政府购买服务实际上是要提供服务给纳税人消费，因此自然会对服务的质量有较高的要求，政府会进行监管，非营利组织也会越来越专业化，这是政府、纳税人、非营利组织都能从中受益的过程，所以很多国家在推进政府改革的新公共管理运动时，都引入了这种服务外包方式。如今，服务外包的领域越来越宽，从最初的基层服务项目扩展到一些政府的核心业务和职能，甚至一些政府以往的垄断性业务，也开始转包给非营利组织，如国外有的政府把监狱外包给非营利组织，甚至有的政府把一个小城市的经营权交给非营利组织，这在 20 世纪 70 年代后的发达国家较为普遍。

非营利组织在运作过程中越来越多地获得来自政府财政资金的支持，很多国家的非营利组织获得来自政府的资金占非营利组织收入的 30%～50%，有的达到 70%。例如，在美国这一比例平均为 33%左右，也就是说非营利组织运作的资金中有三成是来自美国政府；英国这一比重接近 40%；德国的非营利组织平均高达 70%的资金来自政府。德国有些非营利组织非常明确地告诉我们，他们不用筹款，全是政府购买服务，但是同时要与政府签订合同，规定政府不得干预非营利组织的决策，以及保证其治理结构完全独立等。因为拿政府的钱往往会使非营利组织不敢随便批评政府，从而使 NGO 的性质慢慢改变。当然，也有一些 NGO 明确表态不拿政府一分钱，如绿色和平组织坚持不拿政府一分钱，也不申请政府的购买服务项目。

绿色和平组织

绿色和平组织简称绿色和平（Greenpeace），前身是 1971 年 9 月 15 日成立于加拿大的“不以举手表决委员会”，1979 年改为绿色和平组织，总部设在荷兰阿姆斯特丹。该组织的使命是保护地球、环境和各种生物的安全及持续性发展，并以行动作出积极的改变。宗旨是促进实现一个更为绿色、和平和可持续发展的未来。截至 2013 年，在世界 40 多个国家和地区设有分部，拥有超过 300 万名支持者。为了保持公正性和独立性，绿色和平不接受任何政府、企业或政治团体的资助，只接受市民和独立基金的直接捐款。

然而，就目前的趋势来看，确实会有越来越多的 NGO 跟政府合作，香港有一批做得非常好的非营利组织主要就是依靠政府购买。其实，从政府的角度来说，这样的合作也划算，即便政府自己提供服务，花费也未必就少，且结果也未必能让老百姓满意。2013 年我们在香港考察时了解到，该年香港社会福利领域开支的 91%左右都给了非营利组织。只要最终老百姓能满意就行了。这几年政府花钱的机制有了很多改进，政府通过议会系统、决策系统把预算定下来后，将经费交给非营利组织来使用，政府负责做预算和拨款，并且政府有非常科学、严格的监督和评估系统，可以说，它是第三方政府，而不是一个直接提供服务的政府。

8.2.2 政府购买服务的原则

师 A：下面我们来谈谈政府购买服务的一些基本原则和要求。

首先，服务提供方必须是合法登记的非营利组织；其次，它必须具备专业性的条件；最后，它必须在某些领域里有一定的积累和实践，有一定的公信力。

这里我们所谈的政府购买服务主要针对国内的 NGO，境外在华 NGO 基本上没有参与购买服务。北京、广东等一些地方政府已经出台了详细的购买服务的目录和条件。总体看来，从中央到地方都对购买服务的积极性很高，如果与 2013 年开始的审批制度改革结合在一起看，实际上这是政府推进"瘦身改革"的一项重要措施。

公共服务对非营利组织来说是全新的话题，很多发达国家的非营利组织也没有参与过公共服务，一开始都是"摸着石头过河"，慢慢地形成了一些很专业的规则。比如现在香港非营利组织在这方面已经非常专业了，但在一开始它们也是无所适从，政府要求它们做什么，它们就做什么，做到一定程度以后就越来越专业化，进而流程化，很多相应的制度建设也就跟上来了，所以对我们来说这也是一个学习的过程，一个逐渐积累的过程。

8.2.3 我国政府购买服务的发展

师 A：我国政府购买服务的发展主要在近十年，最早开始购买服务的地方是在上海的浦东新区。1996 年浦东新区政府尝试将社区综合服务外包出去，当时主要服务内容是养老服务。时任浦东新区社会发展局局长的马伊里在美国和日本进修时，了解到政府的一些服务可以外包的理念，以及国外一些公共服务和社区建设的做法，于是她向区委书记汇报，想做一个把社区综合服务系统外包出去的实验，得到了书记的支持，于是在她的推动下上海整个社会建设都取得了很大成就。

购买服务一定要有承包方，刚开始上海还不敢采用竞标的方式，因此需要找到合适的承包方，结果发现找遍上海都找不到合适的承包方，后来有一个具有基督教背景、历史比较悠久的社区服务机构——基督教青年会（YMC）愿意作为承包方来做，结果这个机构也确实做得不错。当时由浦东新区政府免费提供场所，并提供一笔 30 万元的开办费，由上海基督教青年会以“上海市基督教青年会罗山会馆”的名义提供服务，这也是国内第一家承担政府购买服务的机构。

上海基督教青年会

上海基督教青年会成立于 1900 年，始终坚持“非以役人，乃役于人”的会训，以“服务社会、造福人群”为宗旨。1984 年复会以来，上海基督教青年会努力把团体建设成为一个“国际性的、基督教背景的、非营利性的”社会服务团体，旨在推动志愿者运动，以“平等、公义、爱心、和平”为服务原则，为社会发展贡献力量。坚持面向“昨日的青年、今日的青年、明日的青年”，不分信仰、种族、男女、年龄，提供德、智、体、群全面发展的服务，为倡导积极人生，建立完善社会而努力。主要工作是致力于社会服务、教育培训、海外交流以及特殊人群服务等项目，开展志愿者培训活动，为需要帮助的群体提供充满爱心的服务。

师 B：另外政府还提供了床位补贴。

师 A：对，这都是借鉴日本的做法，一是提供开办费，二是提供床位补贴。刚开始的合作过程中有一些曲折，双方之间会有一些摩擦，但随着政府和机构合作的深入，逐步就形成了一个合作模式，并很快在上海地区推广，各个区都办了养老院，形成一个个社区综合服务系统。上海是较早探索政府购买服务经验的地方。

在全国范围内开展政府购买服务应该是始于 2004 年，从扶贫领域入手，在江西省计划做 14 个项目，项目资金来自扶贫办，由扶贫基金会出面，通过媒体向全国发布招投标信息，这是真正有竞标性质的。当时有不少机构去投标，清华大学 NGO 研究所参与了这个项目的验收和评估工作，这次全国范围的政府购买服务是做得比较成功的一次。

后来很多地方都有了政府购买服务，广东是较早把社工服务外包出去的地方，还有些地方是做社区矫正的，这个是源于联合国开发计划署在中国开展的轻微犯罪人员社区回归项目。在发达国家，社区矫正都是通过政府购买服务，跟 NGO 合作的方式进行的。因而，在中国发展社区矫正时，很多地方也采取购买服务的方式，我现在还是几个社区矫正协会的顾问。

联合国开发计划署

联合国开发计划署（United Nations Development Programme，UNDP），1965 年根据联合国大会而成立。其决策机构是管理委员会，由 48 个国家的代表组成，其中的 27 个席位由发展中国家派代表参加，全部代表席位每年更换 1/3。其目的在于，帮助发展中国家提高其自然资源和人力资源的创造物质财富的能力。凡接受 UNDP 援助的国家，都要在该国设立一个地方办事处，负责协调所有的联合国技术援助项目，为政府制定国家计划提供建议，检查地区活动的开展情况。

2012 年，财政部和民政部共同发起了“中央财政支持社会组织参与社会服务项目”，中央财政拿出两个亿，由民政部来具体实施，主要分为四类项目：发展示范项目、承接社会服务试点项目、社会工作服务示范项目、人员培训示范项目。后来委托清华大学 NGO 研究所对各个项目的实施情况进行评估。这是第一次由中央财政出钱向社会组织购买社会服务的试点项目，在这之前很多地方试点都不是财政资金投入，这个做法起了非常重要的表率和推动作用，所以很多地方政府就把购买服务纳入预算。2013 年中央财政又拿出两个亿继续推动社会组织开展社会服务。

2013 年 9 月，国务院办公厅出台《关于政府向社会力量购买服务的指导意见》，这是由中央政府出台的非常重要的政策性文件，目前已经有 50 多个地方政府出台了相关文件，推动政府购买服务的发展（见图 8—1）。

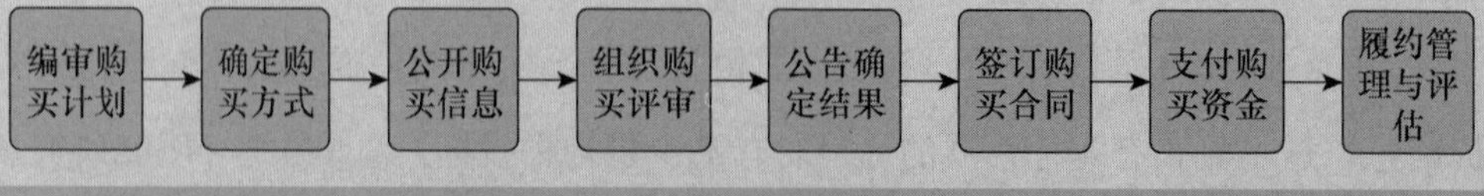

图 8—1 非营利组织参与政府购买服务的流程

8.2.4　政府购买服务中存在的问题

生：我想问一下老师，我们的购买服务在发展过程中都有哪些问题？

师 A：目前我国的政府购买服务的确还存在一些问题。第一，没有很好地建立起竞争性机制。目前的政府购买服务其实更多地像是委托服务，相当程度来说是邀标性的，缺乏有效的竞争机制。当然这跟我国的政府购买服务还处于起步阶段有关，发达国家政府购买服务发展初期的主要任务也是动员社会组织参与到购买服务的过程中来。

第二，社会组织的参与能力有限。总体上看，很多参与政府购买服务的社会组织的专业能力不够，有能力、有条件参与的组织数量还很有限，这也是形成不了竞争格局的原因之一。

第三，政府在购买过程中更多地强调服务的项目和产出，不强调组织和团队的能力建设。如果忽略了能力提升这一点，非营利组织也提供不了好的服务。

第四，在各个地方的实践过程中，我们发现不少组织本身是为购买服务而成立的。尽管有些组织已经有相应的组织和项目运行的经验，但在很多领域，特别是社工领域，很多组织是专门为政府购买服务而成立的。

生：请老师解释一下非营利组织参与政府购买服务与营利组织有什么区别？NGO 参与购买服务的出发点是什么？

师 A：对，这正是政府购买服务存在的第五个问题。严格说来，非营利组织只有具备健全的治理结构，才能够保证它不以营利为目的。它参与公共服务很重要的动机，不是为了获取政府资金，而是为了提供服务，是为了通过参与公共领域的事务以及与政府合作来提高公共服务的能力。但事实上，一部分组织是为了要拿政府的钱才参与进来的，这也是你刚才问的它跟营利组织有什么差别的答案。我们来看发达国家和地区参与政府购买服务的非营利组织的情况：一个有着非常明确的宗旨与使命的非营利组织，一直以来都是提供这方面的服务，而且有一个有效的运作机制和治理结构，即使有了钱也不会把它变成营利的资本。只有这样，政府购买服务的机制才能运行良好。

政府购买服务还存在第六个方面的问题，很多参与政府购买服务的非营利组织的资金几乎全部来自政府，缺少其他资金来源。理想的情况是，它的资金来源应该多元化。所以今后中央财政购买服务要求非营利组织在做这个项目的时候能提供1∶1的配套资金，比如中央财政资金提供200万元，承接的组织也要配套200万元。然而，这个要求提出来后也会导致只有大的机构参与进来，而小机构则很难进入，购买服务就起不到培育组织的作用。

我国的非营利组织目前还处在起步阶段，相关制度建设还很不健全。我们希望出台相关法规以及关于购买服务规范性的制度框架，不仅要有指导性文件，还要有关于监管和评估等方面的制度性要求。

以上是我们国家政府购买服务发展方面的总体情况。

8.2.5 政府购买服务的香港实践

师A：2013年10月我们对香港特区政府的购买服务进行了实地考察，整体上我们的感觉是香港特区不仅比内地做得好，而且比美国、日本、英国、德国的政府购买服务做得还要好。这背后肯定有多种因素。我先把问题提出来。首先，香港特区政府购买服务有什么样的历史背景？其次，香港非营利组织自身的治理结构好在哪里？王超老师在香港生活和工作多年，请他根据宣明会的经验来进行解答。

师B：我先介绍一下宣明会的经验，宣明会跟香港特区政府有一些购买服务方面的合作，主要是在救灾领域，就是说每当有一些灾害发生，特别是在相对贫困的国家和地区，香港特区政府都会拨出一笔钱让一些救灾的社会机构来竞标购买服务，这是属于项目型的购买服务，整个过程都很规范。项目策划很重要，项目策划书做得好，申请中标的把握就比较大。那么，项目策划书核心的内容是什么呢？

生：两棵树：目标树和问题树。

师B：对，两棵树是分析的过程，它最重要的结果是什么？

生：产出、目标。

师B：都对，但是它核心的内容是一张表、一个框架，也就是前几次课上讲到的逻辑框架矩阵。当你申请政府购买服务，特别是项目型的购买服务时，通常会邀请几家有资质和实力的机构竞争，比如在救灾领域，香港特区政府通常都会邀请宣明会、乐施会这几家机构参与进来。假设有2 000万元的资金可以分配，1 000万元分配给宣明会，500 万～600 万元分给乐施会，剩下的 400 万～500 万元给另外两三家小的机构。无论怎样，项目策划书都必须是非常规范的，虽然有时可能只有 3～5 页，但要包含逻辑框架矩阵里面的所有内容，所以拿到钱的机构永远都知道怎么拿到钱，而拿不到的人永远都不知道自己为什么拿不到。

这有两方面原因：一是技术层面，就是这个机构能不能写出像样的策划书来。当然这也跟这个机构对受灾地情况的了解程度有关。二是组织层面，首先是组织本身的治理是否完善，理事会运行是否良好，理事会成员的社会影响力如何。

生：请问老师，我们应如何评价一个非营利组织？

师 B：评价一个社会机构时，首先要看它的理事会成员构成，为什么呢？因为理事会成员的声望往往会让人感觉这个机构是可以信任的。当一个人进入理事会时，他的社会声望和公信力就已经跟这个机构联系在一起了，这在香港非常重要。所以理事会成员可能来自教育界、法律界、医学界等不同领域，也有一些比较成功的商人，这样就说明机构比较有经济实力，这是治理结构的核心。

其次是领导和管理层面，这个组织的领导有没有领导力，整个机构的管理水平如何，都要纳入考量。曾经有段时间，比较成熟的机构喜欢用那些在商界很成功的高管，后来很多运作型机构喜欢用从机构基层成长起来的高管，因为这些高管通常在社会上都有比较大的影响力。

最后才是项目层面。这个项目指的是广义层面的项目，包括原本就提供这类服务的购买项目。另外，还有管理项目的能力，主要是项目的设计能力。

香港的政府购买服务会从这三方面去评估。宣明会是 20 世纪 60 年代进入香港的，当时有个地方遭遇了台风灾害，宣明会就在那个地方救灾。因为台风对儿童的伤害很大，所以宣明会就在当地发放奶粉。当时很多香港人都知道了宣明会，也认可我们，于是宣明会就在香港留下来了。到了 20 世纪 80 年代，香港经济腾飞后，宣明会开始转型，由提供服务变成筹款的机构。在这个过程中，宣明会的管理已非常本土化了，尽管它是一个全球机构的一部分，但在很多人看来，它完全就是香港本土的非营利机构。类似这样的例子有很多，像基督教青年会、乐施会等，它们构成了整个香港非营利机构的大框架，它们主要在本土提供诸如社区服务、养老服务、助残以及扶贫等方面的社会服务。虽然这几家大机构都有国际背景，但最终它们落地香港时是本土化的。

我在香港住了十多年，我认为它在被英国占领的同时，其自身的文化也发育和保存得很好。所以如果一个很好的文化和一个很强的文化碰撞的时候，它不太会出现所谓的西化过程，在香港你能明显地感觉是香港，而不是英国。

师 A：我们考察香港的非营利机构时，发现在政府购买服务方面做得比较好的组织中有不少带有宗教背景。

师 B：对，这是香港非营利机构的另一个特点，像很多非营利性的教育机构都有佛教、基督教、天主教背景。

师 A：香港的政府购买服务能做得这么好，是不是跟本地的文化因素有关？

师 B：对，香港的慈善和公益文化也非常棒，香港人一般都很有爱心和意愿去捐助，也愿意参与公益慈善活动。在这样的环境下，外来的公益和慈善机构进入香港后，怎么在本土落地、怎么接地气是很值得研究的。

例如香港公益金（The Community Chest of Hong Kong）成立于 1968 年 11 月 8 日，为香港非营利和非政府资助的慈善机构，负责为所资助的社会福利机构筹募捐款，而行政费用由香港赛马会赞助，因此公益金可以在不考虑行政费用的前提下，将市民捐款拨给 142 家社会福利机构。此外，还有 1880 年就得到港督批准成立的保良局、前身为 1870 年成立的东华医院的东华三院、关注儿童青少年身心健康发展的香港小童群益会，为青少年提供专业而多元化服务及活动的香港青年协会等，这些机构的服务内容涵盖养老、医疗等方面，这些本地的机构连同那些从国外进来的大机构，一起形成了整个香港的公益和慈善格局。

值得注意的是，这些本土成长的机构对那些国际 NGO，比如基督教青年会、宣明会、乐施会等产生了很大影响，因为它们具有在本土社会文化土壤中比较成熟的构架和管理体系，为国际 NGO 提供了很重要的依据。总之，香港的公益格局是一个逐渐发展的过程，当政府开始利用自己的资源向社会去购买时，你会觉得那是个非常自然的事情。

生：在参与政府购买服务的过程中，非营利组织的愿景和使命会不会随之改变？

师 B：这个问题非常好，政府给钱的时候往往会带有一定的要求，然而有一些非营利机构因为想得到钱，于是主动改变自己的愿景和使命去迎合政府。从 NGO 的角度来讲，这个叫“自甘堕落”，因为非营利机构的生命力就在于它的愿景和使命。如果因为这点钱就改变它最初的愿景和使命，那就不能叫真正意义上的非营利机构，它的性质已经改变了。

生：请问老师，香港的政府购买服务有没有企业参与进来？

师 B：在香港，企业同样可以竞标争取政府购买服务的项目，因此很多社会服务由企业来承担，但是两者有很大的不同。对于 NGO 来讲，承接这项社会活动恰恰与它的价值和使命相适应。然而对于企业而言，它就是为了利润和收益，所以两者是有本质区别的。

值得一提的是，在香港 NGO 可以通过两种形式注册，一种是按照“社团条例”登记注册为非营利社团，手续非常简单，还有很多是按照“公司条例”登记注册为有限责任公司，然后再向税务部门申请成为“慈善团体”，取得免税资格。

在香港还有另外一种情形，就是我们讲的社会企业。社会企业是 2000 年以后香港公益界较为推崇的一种组织形式。

师 A：黑暗中的对话，你觉得怎么样？

师 B：它其实不能算是严格的社会企业，它只是提供了一些体验，为什么呢？香港的企业竞争太过激烈，因为成本太高，哪怕旺角的一个小吃店，店面租金都非常高。在那样的竞争环境下，非营利机构很难生存下来，所以有很多社会企业的确是在政府购买服务的支持下活下来的。对于香港特区政府而言，购买服务是扶持性的，就像种子项目一样，希望能用来改善香港这种极端的商业竞争环境，所以政府会提供一些支持。

黑暗中的对话

香港一所以体验失明生活为主题的场馆，于 2010 年 2 月 20 日启用。体验馆每日可供 300 名参观者入场体验，提供一个 75 分钟的旅程，由视障导游带领参观者走过 5 个不同场景，包括公园、商店及渡轮等，模拟失明人士所面对的处境。

香港的公益格局中，还有一个重要组成部分是 2002 年成立的社区投资共享基金，它汇聚基金、项目团队及来自社会各界协作伙伴的力量，通过在社区的投资，构建人与人之间的互信互助，提升社会资本，推动社会发展。我们可以把它与政府购买服务联系起来思考，政府把钱投入基金里，让一批真正有能力的人来运作，比如那些比较成功的非营利机构的从业者、一些比较有社会威望的人，让他们去做孵化。

这个对内地很有借鉴意义，因为目前内地的政府购买服务是严重不对称的，一方面政府有大量资金希望去购买社会服务，但另一方面真正有能力提供服务的机构又有多少呢？有很多是有政府背景的社会组织，那其实更多的是一种“内部消化”的过程。所以在有这样大的需求而营养严重不良的情况下，讲政府购买服务是比较纠结的。因此可以借鉴一下香港的经验，需要认真地从那三个层面来提升非营利组织的能力，真正形成一种良性互动的过程。要不然我们本就非常弱势的非营利机构，会在购买服务的压力下变得更加没有自我。

师 A：我来稍微补充几点。第一，香港非营利组织、社会服务领域以及购买服务这么发达，有重要的历史原因。我们在《香港非营利组织》[①] 一书中，对历史做了一个梳理。我的基本判断是：当年港英政府并没有把社会福利当作它的政府职能，在一定意义上是政府失灵，后来发现这个问题会影响到政权的稳定性，然而当政府想做的时候，很多非营利组织已经开始做起来了，所以政府就开始出钱支持这些非营利组织开展服务，再后来这些组织慢慢就成了社会福利领域的主力军。政府本身没有建立起社会福利体系是原因之一。

第二，香港特区政府在购买服务过程中，有意识地发展了一批合作对象，形成了一批稳定的合作对象。当时我们去社会福利署的时候，他们介绍每年购买服务主要就是六十多家组织，基本上在这个范围内竞争，不是完全开放的。现在有的地方完全开放是有问题的，因为购买服务需要稳定的、专业化的服务机制，必须把对象锁定起来，将其服务水平与机构的声誉和发展联系起来，这样才不太容易出问题。

第三，最近几年香港有一种很重要的机制叫整笔拨款。对非营利组织而言，政府不能只买项目，还要买它的人、它的组织能力。如果只买项目的话，这个项目可能做得很满意，但因为没有专业人员、专业团队、专业组织，所以不可能提供更专业的服务。因而整笔拨款的机制就是锁定一个机构提供服务，再给它一笔钱，但不会对这笔

① 参见王名、李勇、黄浩明编著：《香港非营利组织》，北京，社会科学文献出版社，2015。

钱进行限制，比如员工待遇可以按公务员的标准发，组织运营的经费可以相对宽松一些，而内地现在的管制很严，这笔钱只能花在服务上，不能花在人员身上。

香港实行整笔拨款机制以后，很多机构的专业化能力得到加强，它们可以聘请世界一流大学毕业的硕士生、博士生，因为它们的待遇挺高，所以他们来了以后也很少会离开。这样一种机制能够留住优秀的人才，相应地也就能够提供一流的服务。如果没有这些优秀的人才，没有这样一种整笔拨款机制，它的购买服务不可能做得这么好。

第四，它有一个有效的监管机制。长者安居协会的工作人员告诉我们，社会福利署的员工在不影响机构正常工作的情况下，事先不打任何招呼，随时可能会直接来抽查。这样的监管其实最严格，来了以后就看你怎么服务，看你对待老人的态度，看老人满意不满意，老人最后走的表情是什么样的，这样抽查下来获得的资料就是很重要的依据。

长者安居协会

长者安居协会于 1996 年在郑经伦等一群热心人士支持下成立，旨在回应当时一股突如其来的寒流引致超过百名独居长者猝死事件。协会是自负盈亏的社会企业及非营利慈善团体，本着以“企业养福利”、以人为本的服务及科技，提升长者于社区生活的素质，将平安延伸至社会每个角落。

第五，反思内地的政府购买服务，为什么现在从中央到地方大力推动政府购买服务？我认为一方面是政府自身需要改革；另一方面是希望通过购买服务推动事业单位改革，因为事业单位效率不高，而要推动事业单位体制的改革，拨款体制必须改革，但是现在还没有很好的改革方向。按照我的理解，政府购买服务可能是改革拨款方式的一种选择。我们通过向社会组织购买服务，可以积累一点经验，学到一些好的机制和做法，然后在事业单位改革上逐步尝试。下一步事业单位改革的基本方向是往体制外推，把它推向社会、推向市场。政府的财政支持是把现有的拨款体制向购买服务的方式上转变。通过对香港整笔拨款机制的研究，我认为政府购买服务不是简单地把它项目化，否则会带来很多问题。表面上，整笔拨款与我们的事业单位拨款挺像，但是它的前提是接受资助的机构是另一个相对独立的主体，并配合有效的监督机制与社会问责。

生：第一个问题，老师刚才说稳定在这六十多家，那么这六十多家是怎么被筛选出来的？是像我们一样给它们评级吗，还是说大家心目中就这么多家？第二个问题，比如同样一个项目，可能同时有 5～6 个 NGO 都符合它的条件，香港特区政府在购买服务的时候，用什么标准来选择？

师 B：应该说是历史筛选的过程，这些机构都有几十年的历史。我目前没有听说有特别严格的评级，但有一个叫作香港社会服务联会的机构，在 1951 年根据香港法例第 1057 章正式成为法定团体，在 20 世纪 70 年代成为政府发展社会福利的重要伙伴，那些主要的 NGO 都是它的会员。它会对很多 NGO 进行一些评价，但并不是很严格的评估。

在香港是不允许歧视不同机构的，跟政府合作的这六十多家机构也是慢慢筛选出来的，这些机构在养老、教育等领域长期开展服务，比如 1959 年成立的香港复康会，为残疾人士、慢性病患者及长者提供各类服务，包括无障碍交通及旅游、复康和持续照顾服务等，已经具有超过 50 年的服务经验。此外，这些机构的领导者也多数是公众知晓度很高、获得社会广泛认可的一些人。所以，这六十多家是被历史慢慢淘出来的，形成了一个比较成熟的清单。

师 A：我们去考察的时候，有一个印象是纳税人对服务对象的评价非常重要，政府经常有对被服务对象的回访，倒不是说政府去评价它，实际上是服务对象选择了这些机构，是不是有这样一种机制？

师 B：对，因为香港人对社会活动、社会服务的参与度非常高，他们很愿意来回应这一类的社会调查。另外，社会服务联合会还有公信力调查，或者问责调查，这是对 NGO 所提供的那些服务的效果进行评估，也是由整个香港市民参与的。另外，香港的媒体很发达，做得不好的机构基本上很难生存下去。

生：这种社会服务购买，怎么去保证非营利性和公益性？是单纯靠组织的自觉吗？还是有其他的监督约束机制？如果拿到国内来做，会不会出现很多暗箱操作？

师 B：如果你是成熟的非营利机构，这一类的情况是不多的，因为成熟是要被监督的，所以机构本身的纯洁性很重要，我们为什么一再强调这个？在国内，也有一些机构或个别名人的动机就有问题。但在香港，真正可以存活和发展的机构，在这方面是比较过硬的。另外就是机构本身的治理结构，它有理事会的监督，理事们能保持基本的独立性。

再补充一点，现在很多的政府购买服务把运营的成本压到最低甚至没有运营成本。这样并不健康，导致的结果只有两种，即要不然不做，要不然只能作假，一个机构一旦开始作假的时候，就已经开始堕落了。

生：我有一个问题，之前在香港待过一段时间，香港社会也出了一些问题，比如贫富差距，可能有一些人他们需要政府综援，但因为香港特区政府规定，如果这个领综援的老人有子女，那么需要出具老人跟子女已经断绝关系或者子女不给老人经济支持的证明书，而很多老人出于一些心理原因不愿意去领。在这个领域，如果政府能够购买服务，是不是可以比政府本身做得好？此外，还有香港的公屋制度，很多人排队申请公屋，在公屋申请程序和降低大家心理负担方面，非营利机构有没有可能做得更好？政府购买服务有没有为这两个领域开先河？

综合社会保障援助计划

综合社会保障援助计划，简称综援，是香港社会福利制度中的一项入息补助，作为经济上无法自给自足的香港市民的社会福利安全网，由香港社会福利署负责统筹，综援分为三部分：标准金额、补助金以及特别津贴。

师 B：很好的问题。领综援就是领救济，而公屋就是那些政府建的民生屋，类似于现在讲的廉租房或者安居工程，是针对那些低收入、租不起或买不起普通商品房的人。当政府让他们填写表格时，往往也会让人家感觉在宣告自己是一个收入低的人，所以很多人不愿意接受，久而久之就成了社会问题。

香港公共房屋

香港公共房屋或称公营房屋，是香港特区政府经由政府机构或非营利机构为低收入市民而兴建的公共房屋。香港公共房屋可分为出租永久房屋、资助出售房屋、出租临时房屋数种，主要由香港房屋协会及香港房屋委员会提供，由香港房屋署统一管理。

在我的印象中已经有一些机构在从事这方面的工作。购买服务里很多都是与社会工作有关的，社工成为香港一个非常发达的行业，而且也有非常明晰和严格的资质要求，不同级别的社工会有不同的收入水平。这与购买服务的发展有关系，因为只有非常专业化和职业化的社工体系才能保证购买服务的良性运转。这些工作都要由社工来完成的，如心理辅导就是非营利机构里非常普遍而又十分专业的领域之一。

香港的确属于贫富差距较大的地区，它的基尼系数①在警戒线周围徘徊，但香港之所以没有出现大的社会危机，是与非营利组织、政府购买服务有关的。在这么高的基尼系数下，还可以有比较和谐的社会，香港是一个少见的例子。

师 A：好的，我们今天的课就上到这里。

复习思考题

1. 政府购买服务的动力机制是什么？
2. 政府购买服务目前存在的主要问题是什么？
3. 如何评估非营利组织提供公共服务的能力？
4. 如何看待非营利组织通过参与政府购买服务，获得政府资金的支持？

本章参考文献

王名等．社会组织与社会治理．北京：社会科学文献出版社，2014

王浦劬，［美］莱斯特·M·萨拉蒙等．政府向社会组织购买公共服务研究：中国与全球经验分析．北京：北京大学出版社，2010

① 基尼系数是20世纪初意大利经济学家基尼，根据洛伦兹曲线所定义的判断收入分配公平程度的指标，为0和1之间的比例数值，是国际上用来综合考察居民内部收入分配差异状况的一个重要分析指标。通常把0.4作为收入分配差距的“警戒线”。

第9章 非营利组织的评估、问责与公信力建设

9.1 基本原理

评估、问责与公信力建设是非营利组织管理的重要内容，都涉及非营利组织的社会影响力。在本课的教学安排中，我们将评估、问责与公信力建设放在一起，突出强调非营利组织如何营造良好的社会影响力。评估是依据一定的框架和指标对非营利组织及其活动进行评价，问责是非营利组织向其利益相关方负责并对其履行责任的过程及结果作出说明的义务和相应的制度安排，公信力则是在评估和问责基础上社会公众对非营利组织形成的普遍信任程度。

9.1.1 非营利组织的评估

非营利组织的评估是依据一定的框架和指标对非营利组织及其活动进行评价的过

程，其核心是非营利组织的诚信评估和战略评估，包括对非营利组织的使命、绩效、组织能力的综合评估。评估能够彰显一个非营利组织发展的健康程度，是实现非营利组织健康发展的重要保障。

1. 评估的概念和类型

广义的评估是指评估主体对评估客体的价值大小或高低进行评价、判断、预测的活动，是人们认识、把握某些事物或某些活动的价值的行为。狭义的评估是指在一定的时限内，尽可能系统地、有目的地对正在实施或已完成的项目、计划或政策的设计、实施和结果的相关性、效果、效率、影响和持续性进行判定与评价。它具有五个特点：时限性、系统性、规范性、科学性、学习性。按时间顺序，评估可分为前评估、中期评估与后评估；按评估者的来源，可分为自我评估与外部专家评估。

2. 评估框架及指标

非营利组织的评估框架是多元的、全方位的。评估指标包括定性指标与定量指标两类。非营利组织以提供服务为主，因此，非营利组织的测度指标相对较难定量，更多是通过提问的方式进行测度，即定性方面的指标。评估指标包括诚信评估指标、使命与战略评估指标、项目绩效评估指标、组织能力评估指标。

3. 评估方法

一是逻辑框架法，其作用在于使一个复杂的问题变得简单、有条理。二是对比法，是评估中定量分析的方法，有很多类型，其中主要包括前后对比法、有无对比法和综合对比法等。三是快速农村评估法（rapid rural appraisal），是一种快速而不断学习的评估方法，主要做法包括：利用多学科小组，采用三角信息，避免主观偏见，直接面向受益群体。四是参与式评估法，是指项目管理人员和受益者共同组成评估小组，通过对项目管理的系统评估，调整、重新制定项目的目标或方案，重新进行组织机构安排或调配资源的一种方式。它是灵活的学习过程，是分享的过程，是寻求多样化、尊重差异的评估，是一个协助的过程，具有较强的实用性。

9.1.2 非营利组织的问责与公信力建设

问责的英文为 accountability，指为某一件事进行报告、解释和辩护的责任；为自己的行为负责任，并接受质询。非营利组织的问责源自会计责任，强调非营利组织作为受托方对委托方的“受托责任”，重点在于强调财务会计上的可计算性和可说明性。随着公用事业市场化、国有企业民营化乃至政府向非营利组织购买公共服务的发展，问责成为对承接公共资源、公共服务的非营利组织等相关主体履行公共责任的说明要求。除问责外，也有学者将其译为公共责任、社会责任或课责等。问责是非营利组织向其利益相关方负责并对其履行责任的过程及结果作出说明的义务和相应的制度安排。

公信力是在评估和问责基础上社会公众对非营利组织形成的普遍信任程度，公信力建设是非营利组织为达成社会对其的普遍信任而做出的种种努力。非营利组织的问责与公信力建设紧密联系。问责被广泛看作一个关系问题——对他人负责并由他人问责，或者被看作一个身份问题——对理想或者使命和自己的责任意识负责。

1. 问责的逻辑与机制

问责的逻辑有三种：一是代表逻辑，被问责者对其所代表的群体或利益负责；二是契约逻辑，被问责者对其所代理的活动向受托方负责；三是利益相关者逻辑，被问责者对所有的利益相关者或社会公众负责。

问责的主要机制包括：

(1) 评估认证：非营利组织根据相应框架和指标进行评估并得到相应级别的认证，获得一定程度的公信力。

(2) 行为准则：非营利组织在行业、领域或区域层面达成共识，就公共问责制定统一的行为准则并向社会发布。

(3) 监督问责：捐赠者对其所捐赠对象进行问责，通常由第三方专业机构通过相应的框架、量度标准和指标体系，就捐赠的非营利组织对受赠情况、项目目标及其运行、项目效果及其受益情况等，进行的定期内部和外部评估，形成一定的监督问责报告。

(4) 参与问责：受益人、活动社区或社群对非营利组织进行问责，也包括非营利组织的内部员工及志愿者对非营利组织的问责，这种问责多以参与的方式进行，包括信息公开、公众参与、讨论互动和提出意见等。

(5) 公开报告：通过媒体、网络等渠道发布非营利组织的问责报告，接受媒体和社会公众的监督。

2. 问责的组织基础：治理结构

非营利组织作为独立法人，完善的组织治理结构是其发展和承担责任的保证。作为非营利组织治理结构的理事会、监事会应形成完善的建构，从而形成科学、有效的治理模式。理事会是非营利组织的决策机构，秘书处是理事会决策能够顺利实现的执行机构，秘书处对理事会负责并由其问责；监事会是理事会的监督机构。

3. 问责的制度基础：信息公开

非营利组织的信息公开是指非营利组织将成立申请、决策制定、财务信息、治理信息等组织信息以及与组织相关的信息（如关联交易方的信息）以章程、定期报告、临时报告、专门报告等形式向捐赠者、登记管理机关和社会公众等利益相关者公开披露的行为。

信息公开的基本要求有三个：充分披露，持续披露，有限度地扩展披露。

当前非营利组织信息公开存在的主要问题是：信息公开缺乏法律依据；管理体制不利于信息共享和信息公开；信息公开竞争不充分；信息公开要求不统一；信息公开监管不规范；在整个社会诚信体系尚不完善的情况下非营利组织的信息公开成本和风险大。

9.2 课堂对话

9.2.1 非营利组织评估的界定

师 B：这堂课涉及三个关键词：评估、问责与公信力，这些都是非营利组织管理中很具有战略性的命题。

我们先讲一讲评估，首先是组织评估，包括治理结构的评估、战略评估和运营评估，再有就是项目评估，这些都可以用其业绩和目标来做一些比较，看是不是做到了组织承诺要做的事情。

从一个更高层面来看评估，特别是国际非营利组织，它有一些基本的评估层次。最高的层次是合法性，其实包括两个层面，一个是法律意义上的合法性（legality），一个是机构的存在是否具有正当性（legitimacy）。再看你的制度安排、结构安排、项目和活动安排是否跟目标具有一致性，也要看效率、效能（efficiency and effectiveness）是否一致。对于每个非营利组织而言，实际上都有自己具体的承诺，就方向性来说，就是是否在做跟使命相关的事情。评估很重要的议题是相关性（relevance），机构所做的事情和所有努力是否跟你的承诺、战略方向高度相关和具有一致性，这些都是评估所要回答的首要问题（见图 9—1）。

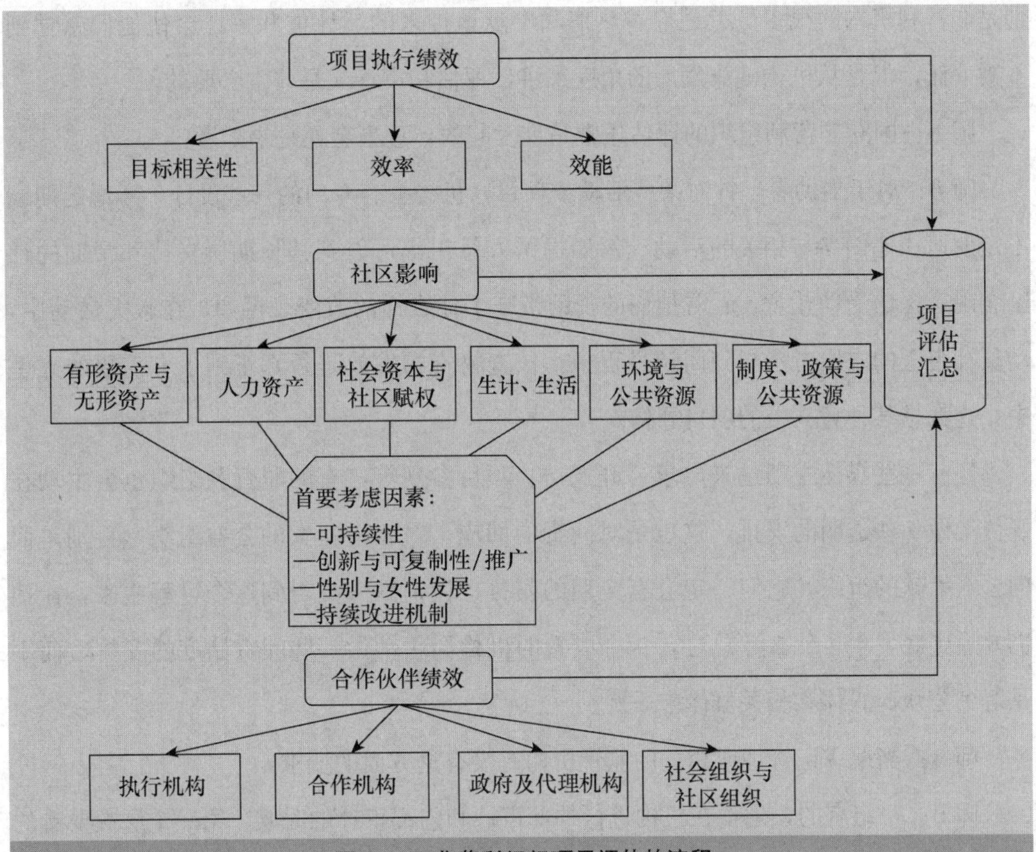

图 9—1　非营利组织项目评估的流程

师 A：国际非营利组织的评估是怎么做的，比如宣明会，它是定期委托第三方来评估吗？

师 B：对比较成熟的机构来说，一定会定期评估，而且会分为两类评估，一类是内部的评估，更多的是通过评估体系的定性和定量方法，比如我们对过去几年做一个回顾，看所达成的效果跟目标是否一致。还有就是第三方外部评估，包括组织评估和项目评估。这种评估是广义的，也包括了外部审计。

评估和审计包含了组织层面和运营层面，组织层面针对治理、领导和管理，运营层面针对项目。在一些比较成熟的机构里，评估和审计非常频繁而且十分复杂。但是当你把这些东西跟问责、公信力结合起来的时候，你会发现这些东西不可缺少，特别是当公众和相关的资助人提出一些问题的时候，让这些审计和评估者来回应会比较有说服力，所以无论从公信力的角度，还是从风险管理的角度，这两者都非常必要。

尽管接受这类评估和审计，有时候让人挺受打击。你会问：为什么不信任我？特别是非营利机构的很多员工是抱着热情和奉献精神来的，评估和审计会使他们感觉到不被信任，但是从机构健康发展的角度来讲，评估和审计又是非常必要的。

师 A：国际非营利组织的评估通常是谁发起的，理事会还是捐赠者？

师 B：对于捐助者，针对某些活动或项目，机构会有专门的一些设计，考虑定期或不定期地让他们参与相关的活动。例如捐赠人每年都可以到其长期所支持和帮助的社区参观、探访受助儿童，看看他们的资助带来了什么样的改变。再如，在救灾活动中，动员社会上的志愿者参与到回访过程中，核查物资的发放是否真正到了有需要的人手中，这都是某种意义上的项目评估。

还有一些媒体主动过来要求公开探访、项目参观等，有的非营利组织也会主动在媒体上做一些透明的安排，这也是对问责的回应。对于一些大的公益组织，特别是面向公众筹款的组织，它们一定会有定期的安排，让捐款人参与到这个过程中来，让他们知道到底发生了什么。总之，一个成熟的机构会主动做一些问责制度的安排，而不是等到公众、媒体和相关群体来质疑。

师 A：当地登记管理或相关的监管机构有没有这方面的要求？

师 B：一定有的，通常在机构进行外部审计和内部审计的时候，第一个层次要看的是机构的合法性，注册登记是否符合当地的法规。当对它进行评估的时候，如果在这个层面出问题，从问责的角度看是高风险的。对于很多机构来说，遵守所在国的法规是基本的要求。如果一家境外机构不重视这方面，那么它通常不是一家比较成熟和严肃的机构。

师 A：关于评估，还需要补充一点，内地基本上是 2007 年以后引入评估机制的，政府自上而下进行呼吁和推动，现在应该说已经建立了全国性的评估体系，一定意义上说，这是一种评估的制度安排和文化。香港有没有这样一种自上而下的评估？

师 B：在香港的体系中，政府监督实际上是通过最佳执行（best practice）来加以引导的，更多的监督是来自公众和媒体的压力。香港记者是比较敏感的，一旦出现问题，他就会来追踪和爆料，而政府更多的是提供一些引导，告诉公众一个好项目的评估、好机构的问责安排应该是怎么样的。

最佳执行指引

根据整笔拨款独立检讨委员会的建议，福利界应为非政府机构就人力资源管理、财务管理、机构管治及问责的范畴制定《最佳执行指引》。为此，香港社会福利署进行顾问研究（包括研究报告及就《最佳执行指引》大纲作出建议），并自 2010 年起通过多次探访、会议及咨询会，与业界共同制定《最佳执行指引》。《最佳执行指引》在 2014 年 4 月获整笔拨款督导委员会通过，并于 2014 年 7 月 1 日起生效。

9. 2. 2 非营利组织问责的概念

师 A：在我们的社会里，问责是一个相对陌生的概念。那么在国际非营利组织中，问责的真正含义是什么？从组织的角度来说，如何形成一种良好的社会公信力？这里面是不是涉及自律的问题？

师 B：对于非营利组织来讲，问责本身包含两个方面的意思，一是应该负起责任，二是主动承担责任。更多的是从自律的角度，对他所做事情的结果负责任。问责涉及很多的问题，包括对谁负责、负什么责、怎样负责任。

在国际非营利机构里面，例如乐施会、宣明会等在香港比较活跃的机构，在全球范围内都有一个关于问责方面的承诺，它包括十个方面：一是尊重人权；二是自身有独立性，不依附于某一项权力；三是透明；四是善治（good governance）；五是一种负责任的倡导，指的是它在倡导某个社会观点的时候是负责任的；六是强调参与；七是关于包容和多元；八是环境；九是有道德的筹款；十是要求专业的管理。这是国际机构在全球范围问责的联盟，它们共同对整个社会做出承诺，也基本上包罗了问责的方方面面。

师 A：作为非营利组织，比如刚才讲国际 NGO 在全球范围内关于问责的联盟，这种承诺能不能理解为非营利组织问责中最基础的要求？

师 B： 是的，从这十个方面出发，你可以向我来问责。比如我们开展某个活动，是不是侵犯了人权？我们进行某项活动，是不是对环境产生了破坏？或者我开展某个项目，是不是针对某一利益集团，而没有机构的独立性？这些实际上构成问责的基础，也提出了问责的框架，但是并没有告诉我们怎么来问责，而这关系到问责制度的安排。

师 A： 按照我的理解，这种基本的承诺是面向全社会的，任何人都可以来就这些方面提出问责的要求，用经济学的说法，这是向不特定多数的社会公众做出的承诺，是公共责任或是社会责任的层面。

师 B： 还有一些具体的问责制度的安排，比如你作为捐款者，或者支持我们机构的人，我们之间会有一些问责的安排，比如你可以问钱用到哪里去了，可以到资助的相关项目点去看到底带来了什么样的改变，是不是你所期望的改变等。

此外，对于非营利机构所做的事情也要进行问责。以扶贫项目为例，目的是希望给社区带来改变，但这种改变是否是社区本身希望的呢？特别是有些机构，有时会一厢情愿地做一些工作，比如建设一种高度现代化的社区，而对于该社区来讲可能更需要的是和谐安详的社区。这个时候就要有问责，你所带来的改变和影响，是不是那些社区人群所希望的。

师 A： 前面讲的是第一层面的问责，指的是一般的公共层面，是从捐赠人的角度来问责，现在这是第二个层面的问责，指的是利益相关者，是从受益人或受益社区的角度，这样一些利益相关群体提出的问责。

师 B： 这两个层面其实是相关的，因为都强调了参与性、包容与多元的要求。因此，当要去影响和改变这个社区的时候，就要考虑是否会影响到多元性，社区是否真正参与到社区发展的各项活动中来，是否剥夺了社区自身希望发展的方向和路线的权力等问题。

9.2.3 非营利组织问责的制度安排

师 A： 围绕问责有一些基本的制度安排，包括从非营利组织的外部到非营利组织的内部的问责安排，下面请王超老师讲一下。

师B：问责制度的安排有不同的层面，从治理层面来讲，主要是治理结构的安排，比如理事会、监事会，还有一些叫顾问委员会，这些都是机构自身从不同角度的治理安排。

另外一个层面是领导和管理层面的安排，包括机构的战略管理、战略方向是否符合机构对社区和社会的承诺，特别是机构本身的一般性管理，比如财务、资金管理，还有项目层面，这些主要通过评估和回顾来问责。一般国际机构都会定期做机构的回顾和安排一些评估。

评估实际上有两个层面，一个是在组织层面针对治理的评估，包括治理结构是否合理，组织是否正常运行，机构的战略管理和领导是否符合对社会和利益相关者的承诺，或者是否符合机构的愿景和使命，组织运作是否有效率等。组织本身有一个评估体系，也有一些项目的评估体系。评估不仅包括对机构的业绩表现、效率、效能的评估，也包括对机构公信力的评估，它是问责制度的一部分。

师A：有一个技术层面的问题，比如我们现在讲的治理结构，包括管理层面、战略层面，从非营利组织角度出发，出现突发事件的时候，组织内部的声音往往会不一致，有时设发言人，这是不是也是一项制度安排？

师B：在这项制度中，发言人基本上代表这个机构，当出现问题的时候，对公众和特定的群体，发言人准确表达机构本身的定位和看法。因为在一个机构里，不同的人会有不同的看法，发言人是真正代表机构的。

师A：刚才讲到机构内部，那么社会层面呢？比如媒体，你刚才讲到的行业性联盟是不是这样的制度安排？

师B：在国际机构之间有一个公信力、问责的联盟（Accountability Coalition）。对于非营利机构来讲，外部除了对公众问责的承诺之外，对政府、基本的法律法规，特别是不同国家和地方性的法规，也有义务遵守，这种承诺实际上涵盖了多元化和多样性的要求。

对那些倡导型机构的问责相对复杂，对机构所倡导的内容是否需要被问责？因机构倡导而对社区和人群产生的影响是否需要被问责？这样的问责安排十分复杂，有着不同的方向和情形，媒体和公众通常也会有比较大的反响。因为机构倡导的事情，可能直接影响到一些人群和社区，也可能给政府、企业或其他机构带来影响。比如关于有机食品、食品安全的倡导，这些都涉及特别复杂的利益相关者。

师 A：这里有一个问题，在问责制度安排中，信息公开和透明处于什么样的位置？对于非营利组织来说，机构对于透明有一些什么样的安排？从社会层面，包括对媒体和公众的公开透明又有一些什么样的安排？

师 B：非营利组织作为社会的一部分，它有一些基本的信息需要透明。其实透明也具有方向性，而不是完全没有方向和目标。比如一个非营利机构，它的捐款人对于跟他捐赠相关的信息有知情权，但这不意味着机构有责任把它跟捐款人所有相关的信息都对公众公开。透明和问责一样也具有方向性。

师 A：最近几年，公益领域出现了很多的负面报道，这其实也间接反映出公众对公益事业的不信任。正是因为公众的不信任，要求非营利组织公开所有信息，甚至包括公开管理层待遇的声音越来越多。那么，公众对在香港的机构或者其他国际机构有没有这样的要求？

师 B：不同的国家有不同的情况。欧美有些国家非营利机构管理层的薪资待遇本身就是透明的，但也有些国家并不要求这样做。原则上讲，被要求公开管理层工资的机构，大多也是面向公众筹款的机构。要求机构所有信息都公开，这不是特别普遍的现象，其实非营利组织也有它的商业机密，比如筹款策略、运营的方针，还有整个运营的模式，并不都需要向一般公众公开。如果涉及利益相关者，特别是涉及它有责任和要承担责任的利益相关者，比如捐款人和服务的社区，它有义务公开相关信息，媒体有时候也会就此提出一些要求。但非营利机构有权利用相关的法规保护自己，这也是正常的现象。

也会有另外的情形出现，当出现一些严重的信任危机时，主要并不是透明和问责出了问题，其实是这个机构自身出现重大问题，比如运营上的巨大失误等。“郭美美事件”之后，公众对整个公益领域都出现了信任危机，这跟社会公益领域的发育程度也有关系。特别是互联网的出现，对所有非营利组织都形成了很大的挑战。的确，互联网和新媒体的发展有其自身的逻辑，都会对非营利组织的透明、战略等产生很大影响。

9.2.4 非营利组织的问责与公信力建设

师 A：关于问责我们来讨论一个具体的案例。宣明会是一个公众募款的机构，同时也在大陆开展了很多面向农村社区的项目，下面请王超老师讲一个关于宣明会问责的案例。

师 B：举个例子，请大家思考一下。宣明会针对校舍等教育设施的落后在香港做了一些筹款的活动，很多捐款人愿意在这个项目上捐款，因此，宣明会筹到了一些资源。但是当它用这些资源在社区里做一些参与式发展的规划时，发现社区更紧要的需求是改善卫生和医疗条件，这时候宣明会可不可以把用教育主题筹来的钱，用于改善社区的医疗条件？

这里面涉及两个方向的问责，一个是对于捐款人的承诺，捐钱是用来做教育的；另一个是如果做了教育，对于服务对象也会出现问责的问题，因为他们对于医疗卫生的需要更为迫切。对于机构来说，这就进入了一个问责的困境，到底怎么样做才好呢？

有一个比较恰当的方法，即机构对捐款人做一些说明，告诉捐款人根据我们的了解，其实社区最为迫切的是医疗卫生条件的改善，问他们可不可以把为教育捐的钱用到社区医疗卫生的改善上。对于捐款人来说，如果同意，我们就改变钱的用途；如果不同意，我们可以退还给你。这样才是对捐款人恰当而又负责任的做法。但是很多时候也会碰到技术上的障碍，让所有的或主要的捐款人知情是一件比较不容易的事情，但是如果没有这样透明的过程，就会出现公信力危机的问题。

很多机构都出现过类似的案例，有的机构会觉得没有关系，反正钱都是用于扶贫，因而没有知会捐款人，也没有相关咨询的过程，就直接改变捐款的用途，从而导致公信力出现问题，这也是问责方面的错误。类似的案例很多，比如很多时候为救灾筹来的钱，并不是真正用于紧急救援，而是用于灾后重建，这些都会使公信力和问责产生问题。对非营利组织来讲，一定要告诉公众，为何要改变捐款的用途，如果捐赠人不同意，就要告诉他们如何处理，这样的做法非常必要，是保障问责的有效性和公信力很重要的方式。对非营利组织的管理者和领导者来讲，不能主观和随意改变资金和资源的用途。

改变钱的用途看似一件很简单的事情，只要在财务上把款项做一个调整即可，但这种调整通常都会涉及问责方面的问题。

师 A：是的，在汶川、雅安地震救灾，以及“壹基金事件”中都曾出现这样的问题。问责和评估涉及公信力的问题，非营利组织的公信力一旦受到质疑，机构要通过什么样的方式来重建社会对它的信任呢？很多组织都会面临这个问题。

壹基金事件

2014年4月22日，实名认证新浪微博“四月网”公开质疑：我们的捐款去哪儿了？壹基金参与雅安地震募捐，截至2014年4月一共募集了近4亿元的捐款，目前拨付4 000多万元，仅占9%。后续还有网友质疑相关机构涉嫌利益输送等。

师B：对于很多机构来说，恢复它的公信力需要做很多具体的工作。首先想到要做的就是“透明”，通常会把相关的决策过程、资源分配情况向公众公开，这只是第一步。此外，公关的作用很重要，但是这不是根本性的解决方式。根本的办法还是如同那个案例一样，把所有功课都做到，不要让资源的使用方向改变，不能对于资金的用途做想当然的调整，因为公众的思考可能跟你不一样。

对于公众或捐赠人的教育也很重要，很多比较成熟的机构都把捐赠人教育放到很重要的层面，因为捐赠人对于贫困、救灾和重建也有不同的理解，新闻媒体也会有导向作用，因此对捐款人的教育和沟通就十分必要。比如对于发展项目来说，需要让公众去理解贫困及其根源，而非仅仅从需要上考虑。对于发展机构来说，期望针对贫困的根源做些改变，但是捐款人的理解可能不是这样的，他们认为多建一所学校，多搞一些基础设施，就能改变贫困状况。实际上，在社区发展过程中远比这些要复杂。如何进行有效的公众教育和捐款人教育，让他们更深入地认识机构的愿景和使命，并在同样的层面上共享愿景和使命，非常重要。

总的来说，恢复公信力首先要做到信息的透明，其次是自身制度的建立和基本风险管控，最后是对公众和捐款人的教育。我觉得应该从这些层面来做工作，但是很多机构在出现公关危机的时候，往往容易自乱阵脚，忘记了要做那些重要的工作，而是在媒体和公众面前做无谓的辩解。

师A：讲到这个问题，内地很多机构都有这方面的教训，从十多年前就开始，面对媒体和公众的质疑，不能有效地采取一些应对，从而带来很多问题。宣明会在香港，有没有碰到类似的问题，或遇到问题时你们是怎么处理的？

师B：有些是技术层面的问题，有些是根本层面的问题，首先，保持机构的诚实和诚信是非常重要的，不要想着投机取巧，因为那往往会让问题变得更加糟糕。其次，要有非常迅速和有效的回应，通常一些信任危机出现后，会在公众和媒介中不停地发酵，持续地产生影响，主要就是因为公众没有得到及时和有效的回应。当公众质疑时，很多机构并没有办法知道到底发生了什么样的问题。当你没有办法回答和面对这些问题的时候，对于公众和媒体来说，犹如信息出现了黑洞，这时人们通常会用负面信息去填充。因此，机构一定要比较迅速和有效地回应，用真实的信息去填补黑洞。

此外，机构内部的信息沟通也非常重要，作为非营利组织的管理者了解清楚在活动和项目各个层面到底发生了什么是最基础的工作。所有活动和项目信息在组织里面能够有效流动，这非常重要。比较危险的情况是，当公众提出质疑的时候，这个机构没有办法及时有效地回应，也不知道发生了什么。没有机构不犯错误，重要的是及时找到问题，诚实面对问题，而不能一味掩盖问题，或是回避问题，更不能仅仅简单地回应说公众的质疑是错的。那种方式只会让问题变得更加严重，因为媒体和公众有其自身的逻辑。

师A：讲得好，很有启发。这次课就上到这里。

我最后讲几句话。到今天为止，我们用了一个学期，较为系统地学习和研讨了非营利组织管理的基本问题，这些问题主要包括如下九个方面：一是定义、分类与发展；二是领导与组织学习；三是战略管理；四是人力资源和志愿者管理；五是营销和筹款；六是项目管理；七是财务与税务管理；八是政府购买服务及其管理实践；九是评估、问责与公信力建设。这九个方面既有理论又有实践，既有宏观又有微观，既有国内又有国外，既有历史又有现实，因此只能点到为止，无法深入和展开。在这种意义上，这门课属于导论或者概论，为大家继续深入学习和研究非营利组织管理问题，提供一个方向性和基础性的引导或指导。

在方法上，这学期我和王超老师进行了大胆的改革创新，自始至终采用对话式教学的方法，我们对话，大家参与，努力营造共同学习的开放场域。我们从大家的表情、参与热情和积极性上，看得出这种新的教学方法带来的变化和得到的肯定。在这里，我们俩一起向大家表示感谢！

师A、B：谢谢大家！

复习思考题

1. 对于非营利组织而言，为什么要进行评估？如何进行评估？
2. 非营利组织的财务和项目活动等信息该如何向公众和社会公开？
3. 非营利组织项目筹款与资金用途发生不一致时，该如何处理？
4. 对于非营利组织，评估、问责与公信力建设三者之间是怎样的关系？

本章参考文献

邓国胜. 非营利组织评估. 北京：社会科学文献出版社，2001

邓国胜等. 民间组织评估体系：理论、方法与指标体系. 北京：北京大学出版社，2007

国家民间组织管理局. 中国民间组织评估. 北京：中国社会出版社，2007

官有垣，陈锦棠，陆宛苹主编. 第三部门评估与责信. 北京：北京大学出版社，2008

邓飞. 免费午餐：柔软改变中国. 北京：华文出版社，2014

后　记

对话版的《非营利组织管理》教材终于付梓，这部耗费了我们两度寒暑且多次统稿的心血之作，尽管尚有不足，我还是带着创意的自信将书稿发给了编辑。

这是我和王超老师共同执笔的第一本书，记录着我们的通力合作，也印证了合作产生创意的信力。我要特别感恩仿佛天意的“二王”兄弟之缘。15 年前，在云南省丽江市永胜县羊坪乡，我见到了一身农夫装束但充满灵气的他，我们一见如故，不仅因为兄弟般的长相、名字，相似的人生阅历，更因彼此对 NGO 及公益人生的信念。他放弃在加拿大一流大学的教职来到贫困封闭的农村做扶贫项目，令我这个研究 NGO 的学人感慨且景仰。多年后，在我决定开展 NGO 口述史研究时，他是我首选的对象。后来同访哈佛，同行印第安纳普利斯，谁也不曾想到有一天我们会走到一起，不仅如本书这样通力合作，更一起率领清华大学公益慈善研究院这个年轻的精英团队走向世界。真的宛如天意！这本书，因此开启了属于我们的这样一个新时代。

这是我和文学、宇宙两位博士后集体完成的作业。在怀柔的大山深处，在房山的小店桌前，青城山的雨洗夜净，海泉湾的风过天新，每一段长走、每一处热辩、每一次笔耕，都增添了内容，完善了文字，升华了思想。在此我要特别记下对两位博士后及其他参与本书各阶段统稿的诸位的诚挚谢意。

在书的末尾，我想特别强调一下，本书记录了长走带来的改变。去年斯时，我正面对健康的巨大挑战。但一年多的不间断长走，不仅彻底改变了我的健康格局，也带动起周围不少人长走起来。说起来好像不相干，其实每次统稿都伴随着我更多的长走。本书计入长走。

是的，本书计入长走。我们的更多作品也都计入长走。

因为长走，才有了本书，才有了我们更多的创作，才有了更多的事业。

王名

2015 年 10 月 7 日

人大版公共管理类教材

公共管理类专业教材——学科基础课教材

书名	作者
现代管理学原理（第三版）（“十一五”国家级规划教材）	娄成武　魏淑艳
一般管理学原理（第四版）	张康之　周　军
管理学基础（第三版）	方振邦
管理学教程	方振邦
政治学原理（第三版）	景跃进　张小劲
现代政治学原理（第四版）	石永义　刘玉萼　张　璋
公共管理学（第二版）	陈振明
公共管理学——一种不同于传统行政学的研究途径（第二版）	陈振明
公共管理学（第三版）（数字教材版）（“十二五”国家级规划教材）	蔡立辉　王乐夫
公共管理学（精编版）	王乐夫　蔡立辉
公共管理学（第二版）	张康之　郑家昊
公共管理概论（第二版）	朱立言　谢　明
公共政策导论（第五版）（数字教材版）	谢　明
公共政策概论（第二版）	谢　明
公共政策学——政策分析的理论、方法和技术（“十一五”国家级规划教材）	陈振明
公共政策学	杨宏山
政策科学——公共政策分析导论（第二版）	陈振明
公共经济学（第三版）（“十二五”国家级规划教材）	高培勇
公共经济学教程	秦立建
政府经济学（第四版）（“十一五”国家级规划教材）	郭小聪
政府经济学（第四版）	潘明星　韩丽华

公共管理类专业教材——方法课教材

书名	作者
公共管理研究方法	何兰萍　张俊艳
行政学研究方法与应用案例	萧鸣政　等
管理定量分析：方法与技术（第二版）	刘兰剑　李　玲
公共管理的方法与技术（第二版）	魏　娜

公共管理类专业教材——行政管理、公共事业管理专业教材

书名	作者
行政法学导论	姜晓萍
行政法学	朱新立　唐明良　李春燕
公共部门人力资源管理（第四版）	孙柏瑛　祁凡骅
公共部门人力资源开发与管理（第五版）（“十二五”国家级规划教材）	孙柏瑛　祁凡骅
公共部门人力资源开发与管理（第三版）	孙柏瑛
公共部门人力资源管理（第三版）	滕玉成　于　萍
公共部门人力资源管理	方振邦
公共部门人力资源管理概论	方振邦
公共部门人力资源管理案例	周均旭
行政管理学（第五版）（数字教材版）	郭小聪

书名	作者
公共行政学（第五版）	彭和平
公共行政学（第二版）	张康之　张乾友
行政学导论（第三版）	齐明山
行政管理学导引与案例	陈季修
管理心理学（第二版）	范逢春
公共组织行为学（第三版）（“十一五”国家级规划教材）	孙　萍　张　平
公共组织学（第三版）	李传军
行政组织学（第二版）	张　昕　李　泉
公共组织理论	陆明远　冯　楠
公共事业管理概论（第三版）	朱仁显
公共事业管理概论（“十一五”国家级规划教材）	娄成武　李　坚
公共组织财务管理（第三版）（“十一五”国家级规划教材）	王为民
国家公务员制度（第四版）（数字教材版）（“十二五”国家级规划教材）	舒　放　王克良
国家公务员制度概论（第二版）	刘碧强　郗永勤
公务员制度概论	李如海
公务员制度导论	孙德超
当代国家公务员制度：理论与实践	胡春艳
行政领导学（第三版）	朱立言　李国梁
领导学（第五版）	邱霈恩
领导学	王自亮
领导学：理念、行为与艺术	祁凡骅
领导学	孙　健
现代市政学（第五版）（数字教材版）	王佃利
市政管理学（第五版）（“十一五”国家级规划教材）	杨宏山
市政学导引与案例（第二版）	李燕凌
社区管理（第四版）	汪大海　魏　娜　郇建立
社区管理原理与案例	魏　娜
电子政务教程（第三版）（“十一五”国家级规划教材）	赵国俊
电子政府与电子政务（第二版）（“十一五”国家级规划教材）	张锐昕
电子政府概论（第二版）	张锐昕
行政伦理学教程（第三版）（“十二五”国家级规划教材）	张康之　李传军
公共危机管理导论（“十一五”国家级规划教材）	肖鹏军
公共危机管理概论（第二版）	王宏伟
公共危机管理	唐　钧
公共危机与应急管理：原理与案例	王宏伟
非营利组织管理	吴东民　等
非营利组织管理导引与案例	崔向华　张　婷
当代中国政府与政治	景跃进　陈明明　肖　滨
当代中国政府与行政（第三版）	魏　娜　吴爱明
当代中国政府（第二版）（“十一五”国家级规划教材）	吴爱明
地方政府学概论（第二版）	方　雷
地方政府管理（第二版）	陈瑞莲　张紧跟

书名	作者
管理秘书实务（第三版）	赵锁龙
行政秘书学	唐　钧
公文写作与处理	赵国俊
机关管理的原理与方法（第三版）	赵国俊　陈幽泓
公共部门绩效管理	方振邦
政府绩效管理	方振邦　葛蕾蕾
政府绩效评估	蔡立辉
公共关系概论（第二版）	邹正方
政府公共关系（第二版）（“十一五”国家级规划教材）	廖为建　张　宁
社会管理	汪大海
西方行政学理论概要（第二版）（“十一五”国家级规划教材）	丁　煌
公共行政学史（第二版）	何艳玲
西方公共管理名著导读	汪大海
管理思想史教程	方振邦　葛蕾蕾
文化管理学（第三版）（“十二五”国家级规划教材）	孙　萍
文化创意产业导论	魏鹏举
卫生事业管理（第二版）（“十一五”国家级规划教材）	李　鲁
教育经济与管理（第二版）（“十一五”国家级规划教材）	娄成武　史万兵
现代公用事业管理	崔运武

公共管理类专业教材——劳动与社会保障专业教材

书名	作者
社会保障概论（第六版）（数字教材版）	孙光德　董克用
劳动经济学（“十一五”国家级规划教材）	董克用　刘　昕
劳动法与社会保障法	黎建飞　李　静
人力资源管理	彭剑锋
社会保险学（第三版）	孙树菡　朱丽敏
社会保障基金管理	李春根
社会保险精算原理与实务	王晓军
社会保障国际比较	仇雨临
员工福利概论（第二版）（“十一五”国家级规划教材）	仇雨临

公共管理类专业教材——土地资源管理专业教材

书名	作者
土地经济学（第八版）（“十一五”国家级规划教材）	毕宝德
土地法学（中国人民大学“十三五”规划教材）	严金明
土地法学	王守智　吴春岐
土地资源学	张正峰　赵文武
土地科学导论	叶剑平
土地资源管理学（第二版）	张正峰
国土空间规划学	张占录　张正峰
土地利用规划学	张占录　张正峰
不动产估价（第二版）（“十一五”国家级规划教材）	叶剑平　曲卫东
土地信息系统	曲卫东　韩　琼
地籍管理（第五版）（“十一五”国家级规划教材）	谭　峻　林增杰

公共管理类专业教材——城市管理专业教材

书名	作者
城市管理学（第三版）	杨宏山
城市管理学：公共视角	陆　军 等
城市管理法	王丛虎
城市总体规划原理	郐艳丽　田　莉

公共管理硕士（MPA）教材——核心课教材

书名	作者
全国公共管理硕士（MPA）核心课程教学指导纲要	全国公共管理专业学位研究生教育指导委员会
社会主义建设理论与实践（第三版）	李景治　蒲国良
公共管理英语（修订版）	顾建光
学术规范和论文写作	胡宏伟
公共管理学（第三版）	张成福　党秀云
公共管理学原理（修订版）	陈振明
公共管理导论	竺乾威　朱春奎　李瑞昌
公共政策分析	陈振明
公共政策分析导论	陈振明
公共政策分析概论（修订版）	谢　明
政治学：基本理论与中国视角	任剑涛
公共部门经济学（第三版）	高培勇　崔　军
公共经济学	唐任伍
行政法学（修订版）	皮纯协　张成福
行政法学概论（第三版）	胡锦光
非营利组织管理概论（修订版）	王　名
非营利组织管理	王　名　王　超
公共管理伦理学（修订版）	张康之
社会研究方法	陈振明
定量分析方法（第三版）	谭跃进
电子政务理论与方法（第五版）	金江军
电子政务	吴爱明　何　滨
公文写作概论	高永贵

公共管理硕士（MPA）教材——专业方向必修课、选修课教材

书名	作者
公务员制度教程（第六版）	舒　放　王克良
比较政府与政治（修订版）	卓　越
当代中国政府与政治（第三版）	吴爱明　朱国斌　林　震
公共部门人力资源管理及案例教程（第三版）	陈天祥
领导学教程	常　健
领导理论与实践	邱霈恩
社会管理概论	唐　钧
公共部门绩效评估（修订版）	卓　越
公共危机管理（修订版）	王宏伟
公共部门危机管理（第三版）	张小明
公共部门战略管理（修订版）	陈振明
城市管理理论与实务	杨宏山
MPA 学位论文写作指南	汪大海

图书在版编目（CIP）数据

非营利组织管理/王名，王超著. —北京：中国人民大学出版社，2016.1
公共管理硕士（MPA）系列教材
ISBN 978-7-300-22091-8

Ⅰ.①非… Ⅱ.①王…②王… Ⅲ.①社会团体-组织管理学-研究生-教材 Ⅳ.①C912.2

中国版本图书馆 CIP 数据核字（2015）第 250184 号

公共管理硕士（MPA）系列教材
非营利组织管理
王名　王超　著
Feiyingli Zuzhi Guanli

出版发行	中国人民大学出版社		
社　　址	北京中关村大街 31 号	邮政编码	100080
电　　话	010－62511242（总编室）		010－62511770（质管部）
	010－82501766（邮购部）		010－62514148（门市部）
	010－62515195（发行公司）		010－62515275（盗版举报）
网　　址	http://www.crup.com.cn		
经　　销	新华书店		
印　　刷	北京七色印务有限公司		
开　　本	787 mm×1092 mm　1/16	版　　次	2016 年 1 月第 1 版
印　　张	12 插页 1	印　　次	2023 年 6 月第 8 次印刷
字　　数	189 000	定　　价	42.00 元

中国人民大学出版社　管理分社

教师教学服务说明

中国人民大学出版社管理分社以出版工商管理和公共管理类精品图书为宗旨。为更好地服务一线教师，我们着力建设了一批数字化、立体化的网络教学资源。教师可以通过以下方式获得免费下载教学资源的权限：

★ 在中国人民大学出版社网站 www.crup.com.cn 进行注册，注册后进入“会员中心”，在左侧点击“我的教师认证”，填写相关信息，提交后等待审核。我们将在一个工作日内为您开通相关资源的下载权限。

★ 如您急需教学资源或需要其他帮助，请加入教师 QQ 群或在工作时间与我们联络。

中国人民大学出版社　管理分社

教师 QQ 群： 648333426（工商管理）　114970332（财会）　648117133（公共管理）
教师群仅限教师加入，入群请备注（学校 + 姓名）

联系电话： 010-62515735，62515987，62515782，82501048，62514760

电子邮箱： glcbfs@crup.com.cn

通讯地址： 北京市海淀区中关村大街甲 59 号文化大厦 1501 室（100872）

管理书社　　人大社财会　　公共管理与政治学悦读坊